[TH]ÉATRE ROYAL DE LA MONNAIE

PAR ARTHUR DE GERS

1856

1926

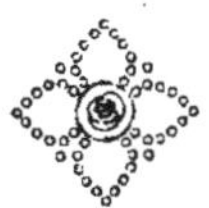

TOUTES LES TROUPES

PRIX :
10 Francs

TOUTES LES CRÉATIONS

C.

THÉATRE ROYAL
DE LA
MONNAIE

Arthur de GERS

Théâtre Royal de la Monnaie
1856 - 1926

TOUTES LES TROUPES — TOUTES LES CRÉATIONS
TOUS LES ARTISTES EN REPRÉSENTATION

BRUXELLES
Des Presses P. Dykmans
12, Rue du Boulet, 12

1926

24 Mars 1856

Inauguration de la nouvelle Salle

JAGUARITA L'INDIENNE

OPÉRA COMIQUE EN 3 ACTES

Paroles de Saint-Georges et de Leuven. — Musique d'Halévy

(*Créé à Bruxelles le 6 février 1856*)

Voici comment l'*Etoile Belge*, de Bruxelles, raconte cette première soirée :

Nous voici donc dans la salle. Traitée dans le style le plus riche du grand siècle, comme la salle de Versailles, elle est d'un aspect éblouissant et d'une dimension qui étonne, surtout après l'étendue du vestibule et du foyer. Cet effet grandiose provient de ce que le plafond recouvre tout le vaisseau; le plafond d'avant-scène est supprimé. Cette disposition, en ajoutant au caractère imposant de l'ensemble, nous paraît devoir être en même temps très favorable à l'acoustique. Le chanteur, de cette façon, placé à la rampe, se trouvera dans la salle et la remplira tout entière de l'éclat de son organe.

La salle est, comme le plafond, de forme elliptique, ce qui donne à tous les contours des galeries une grâce que n'ont pas les salles circulaires. Les deux grandes loges d'avant-scène sont répétées dans la salle, ce qui la fait paraître complète comme celle de l'Opéra.

Disons en passant que l'une des loges d'avant-scène est destinée au Roi et l'autre au Duc de Brabant. Toutes deux ont des escaliers particuliers. Une des loges du rez-de-chaussée est réservée au bourgmestre; une des deux autres grandes loges, au corps diplomatique.

Le plafond est traité dans le style Louis XIV. On sait que les architectes de cette époque cherchaient à relier leurs plafonds à l'architecture du vaisseau qu'ils recouvraient. M. Poelaert, sous ce rapport, a cherché à imiter Versailles. Au lieu de faire un plafond à caissons, il a placé un ciel sur des portiques et des colonnes en peinture, qui reposent sur une corniche dont les riches consoles sont dorées en or jaune et vert, selon l'usage du temps.

La salle se trouve donc prolongée en peinture, et la galerie qui surmonte la corniche est disposée en une courbe élégante et gracieuse.

Le plafond, au lieu de représenter ces banalités mythologiques dont on a tant abusé, a servi à retracer une idée toute nationale, et offre au spectateur *La Belgique protégeant les Arts*. La figure monumentale de la Belgique, due à l'habile crayon de H. Hendrickx, est assise sur un trône, au pied duquel le lion belge étend sa fauve majesté. A sa droite est la Peinture, due au pinceau de M. Verheyden; à sa gauche, la Musique, œuvre de M. Haman. Les deux autres figures, la Sculpture et l'Architecture, sont de M. Ch. Wanters. Dans l'azur d'un ciel immense planent des génies ailés et des figures allégoriques, composés par MM. Nolot et Rubé, décorateurs de l'Opéra, qui ont exécuté toute cette partie de la décoration, pour laquelle les artistes belges que nous avons nommés se sont bornés à fournir des cartons.

Le manteau d'avant-scène est en velours cramoisi, aux plis cossus et sévères, surmontés de lambrequins en brocart d'or, portant les armes de la nation. Les draperies rouges des loges d'avant-scène forment de riches baldaquins, traités dans le style du temps de Louis XIV, et surmontés des armes de l'Etat et de la Ville de Bruxelles.

La loge royale se complète par deux génies en or plein, qui supportent des faisceaux de lumière, répétés aux colonnes des trois autres grandes loges, qui montent des premières aux troisièmes, et sont surmontées d'un motif à entablement que supportent des groupes d'enfants sculptés. Cet entablement lui-même est couronné par de larges vases remplis de fleurs dorées.

La disposition générale de la salle est restée ce qu'elle était : loges de parterre, balcon, trois rangs de loges, et paradis. Cette disposition n'est certes pas la plus favorable à la beauté du coup d'œil. Les loges de parterre ne sont pas de nature à rehausser l'éclat de l'ensemble, et la saillie du balcon nuit toujours à la clarté d'une partie de la salle. Mais le public a ses habitudes faites, et il serait téméraire de chercher à les contrecarrer. Le dessin primitif a donc été maintenu, avec cette légère différence qu'un vaste amphithéâtre occupe le fond du troisième rang comme du quatrième.

Toute l'ornementation de la salle est en relief, modelée en sculptures massives, représentant des attributs de musique et des écussons, auxquels se mêlent des cartouches contenant des noms de grands artistes et des groupes d'enfants prenant des attitudes diverses.

Dans tous les théâtres à balcon, celui-ci nuit généralement à la vue des spectateurs des premières. Il n'en sera pas ainsi à Bruxelles, et l'architecte a habilement triomphé de cette difficulté.

La balustrade des balcons est d'un rouge pâle, sur lequel les ornements se détachent avec bonheur, tandis que le velours d'un rouge plus sombre qui tapisse le fond des loges est de nature à faire admirablement ressortir les toilettes.

Le meuble du balcon est en velours et or; un divan adossé aux loges forme le second rang. Le balcon des secondes est conçu dans le même style opulent, et porte, au centre de chacune des trois faces de la salle, des cadres élégants contenant des tableaux qui représentent la Tragédie, la Musique et la Danse. Ces peintures sont l'œuvre de MM. Nolot et Rubé.

La décoration du troisième rang est en partie peinte, en partie sculptée; les ornements sont riches encore, mais ici les sujets font défaut.

Toutes les loges de face, au premier et au second rang, ont de petits salons séparés par des draperies rouges de la plus grande richesse.

L'ameublement des stalles et du parquet est en velours rouge. Les fauteuils sont à bascule, ce qui doit faciliter la circulation, et l'on s'est résigné à sacrifier un certain espace pour la commodité des spectateurs.

Malgré ces précautions, la salle, qui ne contenait jadis que 1,200 personnes, en pourra contenir 1,700, les jours d'abonnement courant, et un plus grand nombre, les jours d'abonnement suspendu, le directeur ayant ces jours-là la faculté de placer plus de quatre spectateurs dans les loges.

Il nous faut dire un mot de l'éclairage. Nous avons mentionné les girandoles fixées aux avant-scènes. Un second rang de huit girandoles sera établi au niveau des troisièmes loges. Vient ensuite le lustre, et ici nous placerons une légère critique. Ce lampadaire, suspendu au milieu d'un immense espace, manque de grandiose, paraît mesquin et insuffisant. L'ancien lustre était un lustre de palais et non pas un lustre de théâtre. Il était splendide, mais il n'éclairait pas. Celuici éclairera peut-être, mais il ne produira pas d'effet. Nous ne croyons pas, du reste, qu'il ait été fait pour la salle, ou moulé d'après les dessins de l'architecte. Nous croyons plutôt qu'on l'a acheté tout fait, et c'est peut-être un tort. Certes, pour acquérir une œuvre pareille, il était inutile d'aller jusqu'à Paris, et les fabriques belges eussent livré mieux, peut-être à meilleur marché.

La scène est de dimensions très vastes, et l'on a empiété pour l'étendre, sur la galerie du fond. Aussi large que celle de l'Opéra, à peu de chose près aussi profonde, elle pourra servir à rendre les effets les plus puissants, et nous émettons, à ce propos, l'espoir que le régisseur et les machinistes chercheront à régler leurs dispositions de manière à rendre, mieux que dans le passé, l'illusion que le peintre a voulu produire. Rien n'empêchera désormais que l'on apporte à la mise en scène toute la perfection qui, sous ce rapport, existe à Paris, même dans des théâtres secondaires.

Grâce aux améliorations sans nombre introduites dans ce vieil édifice, grâce à cette brillante renaissance accomplie sous l'inspiration habile d'un de nos concitoyens, et avec l'appui constant et fidèle de nos magistrats, la ville de Bruxelles se trouve posséder un théâtre digne de son rang de capitale d'un pays qui aime les arts et sait les honorer. Pour la richesse et le style, pour l'élégance et le confortable, nous n'avons plus rien à envier à des cités rivales. Espérons que ceux à qui l'avenir réserve le privilège d'exploiter cette brillante enceinte sauront y convier la foule par l'attrait de leurs spectacles et la constance de leurs efforts.

Nous ne voulons pas devancer le jugement de l'opinion publique. Cette description succincte et fidèle n'est pas une réclame : M. Poelaert n'en a pas besoin. Mais nous croyons pouvoir lui prédire un grand et légitime succès. De ce succès nous serons heureux sans réserve, parce qu'il appartiendra tout entier à notre pays.

Espérons aussi qu'il nous sera pardonné, par qui de droit, d'avoir violé la plus féroce de toutes les consignes, pour soulever un coin de cette toile... qui n'est pas encore placée, et qui, — disons-le pour être complet, — sera rouge.

EN REPRESENTATION

Mme Comte-Borchard.

Clôture 31 mai 1856 : Guillaume Tell.

31 mars 1856.

Le bureau de location est transféré rue Léopold.

****

LES CREATIONS DE LA SAISON

20 mai 1856.

LE TROUVERE

Opéra en 4 actes.
Nouvelle traduction française
d'Emilien Pacini.
Musique de Giuseppe Verdi.

MM. Wicart (Manrique), Carman (comte de Luna), Depoitier (Fernand), Emile (Ruiz).

Mmes Comte-Borchard (Azucéna), Vandenhaute (Léonore).

1856-1857

Directeur : Théodore Letellier.
Directeur de la scène : René.
Régisseur général : Monnier.
Régisseur : Alfred Bry.
Maître de ballet : Adrien.
Régisseur de ballet : Rouquet.
Premier chef d'orchestre : Ch. L. Hanssens.
Chef d'orchestre : Bosselet.

*

TENORS : Wicart, Montaubry, Aujac, Ledent, Forest, Bourdais, Emile.

BARYTON : Carman.

BASSES : Depoitier, Barielle, Borsary, Darbay, Mengal.

CHANTEUSES : d'Hellens, Vandenhaute, de Maesen (« R »; Rauiz « R »; Menehaud « R »; Marietta Almonti « R »; Céline Mathieu « R »; Elmire), de Aynssa, Anna Delly (« R »; Marie Gabel), Hilaire, Charvet, Bourdais, Muller, Meuriot.

**

Ballet.

Danseurs : Adrien, Rouquet, Dewine, Ruby.
Danseuses : Guichard, Dupin, Billon, Nancy, Tenhagen, Zorn, Montassu.

***

Subvention : 80,000 francs.
Ouverture : 1 septembre 1856, Les Huguenots.
Clôture : 31 mai 1857, Haydée; Le Diablotin.

****

LES CREATIONS DE LA SAISON

30 septembre 1856.

LE CHATEAU EN LOTERIE
Opéra comique en 1 acte.
Paroles de Gaffé.
Musique de Fastré.

Mme Hilaire (Jeannette).

—•—

18 novembre 1856.

LES VEPRES SICILIENNES
Opéra en 5 actes.
Paroles de Scribe et Duveyrier.
Musique de Verdi.

MM. Wicart (Henri Nota), Carman (Guy de Montfort), Depoitier (Procida).
Mme Vandenhaute (Hélène).

—•—

8 septembre 1856.

LE SATYRE ET LES NAPEES
Ballet en 1 acte.

—•—

9 janvier 1857.

LE FARFADET
Opéra comique en 1 acte.
Paroles de Planard.
Musique d'Adolphe Adam.

MM. Carman (Marcelin), Aujac (Bastien), Borsary (le bailli).
Mmes Hilaire (Babet), Charvet (Laurette).

—•—

5 janvier 1857.

IVONNETTE
Ballet en 3 tableaux.

—•—

13 février 1857.

LES SABOTS DE LA MARQUISE
Opéra comique en 1 acte.
Paroles
de Jules Barbier et Michel Carré.
Musique de E. Boulanger.

MM. Carman, Fay.
Mmes de Aynssa, Hilaire.

—•—

23 février 1857.

LES NAUFRAGES
Ballet en 1 acte.

—•—

22 mai 1857.

SPADILLO LE TAVERNIER

Opéra comique en 1 acte.
Paroles de Michaëls.
Musique de Vivier.

27 mai 1857.

LE DIABLOTIN

Ballet fantastique en 2 actes et 3 tableaux.
Scénario d'Adrien.

1857-1858

Directeur : Théodore Letellier.
Directeur de la scène : René.
Régisseur : Alfred Bry.
Maître de ballet : Lefèvre.
Régisseur de ballet : Rouquet.
Premier chef d'orchestre : Ch. L. Hanssens.
Chef d'orchestre : Bosselet.

*

TENORS : Wicart, Montaubry, Aujac, Killy, Gourdon, Emile.

BARYTON : Carman.

BASSES : Depoitier, Filliol, Borsary, Lavergne (« R »; Guillemet « R »; Mengal), Darbay.

CHANTEUSES : Vandenhaute, Elmire, Barbot, de Aynssa, Feitlinger, Cèbe, Augusta Colas, Muller, Meuriot.

**

Ballet.

Danseurs : Lefèvre, Rouquet, Gredelue, Vincent, Soria, Ruby.

Danseuses : Lisereux, Betton (« R »; Lamoureux « R »; Ortot), Combes, Buisseret, Adèle Ferrus, Pauline, Wolf, Montassu.

***

Ouverture : 1 septembre 1857, La Reine de Chypre.

Clôture : 31 mai 1858, Martha, Le Mariage extravagant.

****

LES CREATIONS DE LA SAISON

1 décembre 1857.

MAITRE PATHELIN

Opéra comique en 1 acte.
Paroles de Leuven et Langlé.
Musique de Bazin.

MM. Aujac, Borsary, Killy, Mengal, Gourdon.
Mmes Meuriot, Cèbe, Colas.

7 décembre 1857.

CHLORIS A LA COUR DE DIANE

Ballet en 2 actes et 4 tableaux.

1 février 1858.

LE MARIAGE EXTRAVAGANT

Opéra comique en 1 acte.
Paroles de Cormon.
Musique d'Eugène Gautier.

MM. Aujac (Edouard), Borsary (docteur Vernès), Mengal (chimiste aliéné), Gourdon (Simplet).
Mlle Cèbe (Betsy).

18 février 1858.

MARTHA

Opéra semi-seria.
en 4 actes et 6 tableaux.
Paroles de Friederick.
Traduction française de Louis Danglas.
Musique de J. de Flotow.

MM. Montaubry (Lionel), Depoitier (Plumkett), Filliol (Tristan).
Mmes Barbot (Lady Henriette), de Aynssa (Nancy).

16 mars 1858.

HERMOLD-LE-NORMAND

Opéra en 2 actes.
Paroles de Michaëls.
Musique d'Agniez.

MM. Carman (Hermold), Aujac (Erbert).
Mme Feitlinger (Yolande).

19 avril 1858.

SAINTE-CLAIRE

Opéra en 3 actes.
Paroles de Gustave Oppelt.
Musique de
S. A. Mgr le duc de Saxe-Cobourg-Gotha.
(4 représentations.)

MM. Carman, Wicart, Depoitier.
Mmes Barbot, Vandenhaute.

13 mai 1858.

LES DRAGONS DE VILLARS

Opéra comique en 3 actes.
Paroles de Cormon et Lockroy.
Musique d'Aimé Maillart.

MM. Carman (Bellamy), Montaubry (Sylvain), Gourdon (Thibault), Borsary (un pasteur).

Mmes Barbot (Rose Friquet), Feitlinger (Georgette).

19 mai 1858.

UNE FETE ANDALOUSE

Ballet en 1 acte.
Scénario de Lefèvre.
Musique de Schozdopole.

1858-1859

Directeur : J.-B. Grognier-Quélus.
Régisseur général : A. Mayer.
Régisseur : Alfred Bry.
Régisseur des chœurs : Gabriel.
Maître de ballet : Desplaces.
Régisseur de ballet : Rouquet.
Premier chef d'orchestre : Ch. L. Hanssens.
Chef d'orchestre : Bosselet.

*

TENORS : Wicart, Monjauze, Aujac, Killy (« R »; Barbot), Petit, Gourdon, J. Vrydagh.

BARYTON : Carman.

BASSES : Depoitier, Van Hufflen, Borsary, Darbay, Mengal.

CHANTEUSES : Vandenhaute, Elmire, de Jolly, de Aynssa, Feitlinger, Cèbe, A. Gros, Meuriot.

**

Ballet.

Danseurs : Desplaces, Rouquet, Gredelue, Vincent, Van Hamme, Laurençon.

Danseuses : Gredelue-Lizereux, Dor, Bertha, Petit, Adèle Ferrus, Pepita Rouquet, Montassu.

***

EN REPRESENTATION

Mlle Artot.

Ouverture : 1 septembre, Les Huguenots.
Clôture : 31 mai 1859, Guillaume Tell.

****

LES CREATIONS DE LA SAISON

14 septembre 1858.

L'ECOSSAISE

Ballet comique en 1 acte.

5 octobre 1858.

QUENTIN DURWARD

Opéra comique
en 3 actes et 4 tableaux.
Paroles de Cormon et Michel Carré.
Musique de Gevaert.

MM. Monjauze (Quentin Durward), Aujac (Louis XI), Carman (Crèvecœur),

Mengal (Pavillon), Van Hufflen (Lesly le Balafré), Borsary (Tristan l'Ermite), Gourdon (Lemangrabin).

Mmes de Jolly (Isabelle de Croy), Meuriot (Hameline), Cèbe (Rispah).

8 novembre 1858.

FAUST ET MARGUERITE

Ballet fantastique en 2 actes et 6 tableaux.

Scénario de Desplaces.

Musique de Panizza.

22 novembre 1858.

RIGOLETTO

Opéra en 4 actes.

Version française d'Edouard Duprez.

Musique de Giuseppe Verdi.

MM. Carman (Rigoletto), Wicart (le duc), Depoitier (Sparafucile), Borsary (Monterone), Vrydagh (Borsa).

Mmes Vandenhaute (Gilda), Elmire (Madeleine).

1 décembre 1858.

LA BRESILIENNE

Ballet en 1 acte.

3 décembre 1858.

LES CHAISES A PORTEURS

Opéra comique en 1 acte.

Paroles de Dumanoir et Clairville.

Musique de Victor Massé.

3 janvier 1859.

LES DESESPERES

Opéra comique en 1 acte.

Paroles de De Leuven et Jules Moinaux.

Musique de Fr. Bazin.

31 janvier 1859.

LA DEMOISELLE D'HONNEUR

Opéra comique en 3 actes.

Paroles de Mestépès et Kaufmann.

Musique de Théophile Semet.

MM. Monjauze (Tavannes), Carman (Pardaillan), Van Hufflen (marquis de Mendoza).

Mmes de Aynssa (Hélène), Feitlinger (la bouquetière), A. Gros.

2 février 1859.

UNE NUIT DE FOLIE

Ballet en 1 acte de Desplaces.

25 février 1859.

LE MEDECIN MALGRE LUI

Opéra comique en 3 actes.

Paroles de Jules Barbier et Michel Carré.

Musique de Charles Gounod.

MM. Carman (Sganarelle), Aujac (Léandre), Gourdon (Lucas), Borsary (Valère), Mengal (Géronte).

Mmes Feitlinger (Jacqueline), Meuriot (Martine).

7 mars 1859.

STRADELLA

Opéra en 3 actes et 5 tableaux.

Paroles de Gustave Oppelt et P. Royer.

Musique de Frédéric de Flotow.

MM. Wicart, Depoitier, Aujac, Borsary.

Mme Vandenhaute.

25 mars 1859.

LA FEE AUX PERLES

Ballet en 2 actes et 5 tableaux de Desplaces.

25 avril 1859.

LA ESMERALDA

Opéra en 4 actes et 7 tableaux.

Paroles de Victor Hugo.

Musique de Fr. Lebeau.

1859-1860

Directeur : J.-B. Grognier-Quélus.
Régisseur général : Adolphe Mayer.
Régisseur : Alfred Bry.
Régisseur des chœurs : Philippe.
Maître de ballet : Desplaces.
Régisseur de ballet : Rouquet.
Premier chef d'orchestre : Ch.-L. Hanssens.
Chef d'orchestre : Bosselet.

*

TENORS : Wicart, Audran (« R »; Arnauld « R »; Audran, rentre), Aujac, Hénault, Gourdon, Luwel, Cœuilte (novembre).

BARYTON : Carman.

BASSES : Depoitier, Marchot, Borsary, Darbay, Mengal.

CHANTEUSES : Vandenhaute, Valli (« R » en janvier; Sannier), Dupuy (« R »; Sophie Boulart), Picquot-Wild (« R »), Vié (« R »; Dupuy), Cèbe, Octavie Lowe, Muller, Meuriot.

**

Ballet.

Danseurs : Desplaces, Rouquet, Gredelue, Guillemin, Charles, Destrevigne.

Danseuses : Dechaux, Vicinelli, Ferrus, Bertha, Flora, Lehmann.

***

EN REPRESENTATION

Mlle Sannier.

24-26 mars : deux concerts dirigés par Richard Wagner.

Ouverture : 1 septembre 1859, Robert le Diable.

Clôture : 31 mai 1860, Guillaume Tell, acte I (trio) et finale II; Le Tableau parlant, Les Charmeurs, Le Bal de Gustave III.

****

LES CREATIONS DE LA SAISON

16 novembre 1859.

LE DIABLE AU MOULIN

Opéra comique en 1 acte.

Paroles de Cormon et Michel Carré.
Musique de Gevaert.

MM. Audran (le meunier Antoine), Gourdon (le garçon de ferme).

Mmes Dupuy (la jeune fille), Cèbe (la servante).

---

23 décembre 1859.

LE PARDON DE PLOERMEL

Opéra comique en 3 actes.

Paroles de Michel Carré et Jules Barbier.
Musique de Jules Meyerbeer.

MM. Carman (Hoël), Aujac (Corentin), Depoitier (le chasseur), Hénault (le faucheur).

Mmes Boulant (Dinorah), Dupuy et Cèbe (pâtres).

---

9 janvier 1860.

LE BIJOU DU ROI

Ballet en 3 tableaux.

Scénario de Desplaces.
Musique d'Adam.

---

19 janvier 1860.

PHOEDE

Opéra comique en 1 acte.

Paroles et musique d'Oscar Stoumon.

MM. Cœuilte (Luizzi), Mengal.

Mme Dupuy (Phœdé).

---

25 janvier 1860.

LES CHARMEURS
Opéra comique en 1 acte.
Paroles de De Leuven.
Musique de Poise.

MM. Hénault (Julien), Marchot (Maître Robin).

Mmes Dupuy (Georgette), Meuriot (Mme Michel).

14 mai 1860.

HERNANI
Opéra en 4 actes.
Paroles de Plave.
Musique de Giuseppe Verdi

MM. Wicart (Hernani), Carman (Don Carlos), Depoitier (Ruy Gomès).

Mme Vandenhaute (Elvire).

1860-1861

Directeur : J.-B. Grognier-Quélus.
Régisseur général : Adolphe Mayer.
Régisseur : Alfred Bry.
Régisseur des chœurs : Philippe.
Maître de ballet : Desplaces.
Régisseur de ballet : Rouquet.
Premier chef d'orchestre : Ch. L. Hanssens.
Chef d'orchestre : Bosselet.

*

TENORS : Wicart, Jourdan, Aujac, Hénault, Feret.

BARYTON : Carman.

BASSES : Depoitier, Bataille, Borsary, Mengal, Darbay.

CHANTEUSES : Vandenhaute, Elmire, Sophie Boulart, Litschner (« R »; de Mesmacker « R »; Hillen-Michel « R »; de Aynssa), Dupuy, Cèbe, Dufresnoy, Périllet (« R »; Gay), Meuriot; Rouvroy (avril, mai).

**

Ballet.

Danseurs : Desplaces, Rouquet, Gredelue, Guillemin, Ruby.

Danseuses : Dechaux, Navarre, Verult, Elisa Delamarre, Marie Wesmael.

***

EN REPRESENTATION

Pour maladie : M. Perrugi (Anvers) remplace M. Carman; M. Brion d'Orgeval (Anvers) remplace M. Bataille.

Ouverture : 2 septembre 1860, Le Pardon de Ploërmel.

Clôture : 31 mai 1861, Guillaume Tell (actes I et II), Les Huguenots (acte IV), Le Maître de Chapelle.

****

LES CREATIONS DE LA SAISON

26 novembre 1860.

HERCULANUM
Opéra en 4 actes et 5 tableaux.
Paroles de Méry et Hadot.
Musique de Félicien David.

MM. Wicart (Hélios), Depoitier (Nicanor), Borsary.

Mmes Elmire (Olympia), Vandenhaute (Lilia).

—•—

14 décembre 1860.

ENDYMION
Ballet en 1 acte.

—•—

27 décembre 1860.

RITA OU LE MARI BATTU
Opéra en 1 acte.
Paroles de Gustave Vaez.
Musique posthume de Donizetti.

MM. Aujac, Bataille.

Mme Dupuy.

—•—

25 février 1861.

FAUST

Opéra comique en 5 actes.

Paroles de Jules Barbier et Michel Carré.

Musique de Charles Gounod.

MM. Jourdan (Faust), Bataille (Méphistophélès), Carman (Valentin), Borsary (Wagner).

Mmes Boulart (Marguerite), Dupuy (Siébel), Meuriot (dame Marthe).

20 mars 1861.

L'HABIT DE MYLORD

Opéra comique en 1 acte.

Paroles de Thomas Sauvage et de Léris.

Musique de Paul Lagarde.

MM. Mengal, Aujac.

Mme Dupuy.

20 mars 1861.

LE REVE OU L'ENCHANTERESSE

Ballet fantastique en 2 actes et 4 tableaux

Scénario de Desplaces.

9 avril 1861.

LE SIEGE DE CALAIS

Tragédie lyrique en 4 actes.

Paroles de Ed. Wacken.

Musique de Charles Hanssens.

MM. Carman (le roi), Wicart (d'Harcourt), Depoitier (le magistrat de Calais), Aujac (le fils d'Eustache).

Mmes Dupuy (la reine), Vandenhaute (Béatrix).

1861-1862

Directeur : Théodore Letellier.
Régisseur général : Ferdinand Roux.
Régisseur : Alfred Bry.
Régisseur des chœurs : Ducos.
Régisseur de ballet : Rouquet.
Maître de ballet : Justamant.
Premier chef d'orchestre : Ch. L. Hanssens.
Chef d'orchestre : Bosselet.

*

TENORS : Bertrand, Jourdan, Aujac, Train, Charles, Emile.

BARYTON : Ismaël.

BASSES : Périé, Bonnefoy, Berry, Borsary, Lemaire (« R »), Chateaufort), Pierre Galès, Neveu (avril).

CHANTEUSES : Rey-Balla, Elmire,Boulaert, Haenen, Vronen (« R»), Biondini (février et «R»), Gennetier («R»), Bonnefoy, Dupuy, Michel, Gombault, Meuriot.

**

Ballet.

Danseurs : Gredelue, Guillemin, Bertoto, Prosper, Ruby.

Danseuses : Dor, Delechaux, Girod, Wesmael, Dutertre.

***

EN REPRESENTATION

Mmes Miolan-Carvalho; Tedesco; Marie Sasse; la compagnie italienne de Merelli, avec le concours d'Adelina Patti, comprenant Mmes Loriani, Trebelli, Casaloni;

MM. Montanari, Zacchi, Agnesi, Borella et Orsini (chef d'orchestre).

Pour maladie: M.Tapian remplace M.Bertrand;

Mme Faure-Brière remplace Mme Mayer-Boulart.

Ouverture : 1 septembre 1861, Galathée, Les Filles du ciel.

Clôture : 31 mai 1862, Faust.

****

LES CREATIONS DE LA SAISON

1 septembre 1861.

LES FILLES DU CIEL
Ballet en 4 tableaux.
Scénario de Justamant.
Musique de Luigini.

30 septembre 1861.

LE MAGICIEN
Ballet en 2 tableaux.
Scénario de Justamant.

19 octobre 1861.

LES CONTREBANDIERS
Ballet en 2 tableaux.
Scénario de Justamant.

8 novembre 1861.

LES TROVATELLES
Opéra comique en 1 acte.
Paroles de Michel Carré et Jules Lorin.
Musique de Duprato.

M. Aujac (Geromino).
Mme Dupuy (Nantina).

21 novembre 1861.

MAITRE CLAUDE
Opéra comique en 1 acte.
Paroles de Saint-Georges et De Leuven.
Musique de Jules Cohen.

21 novembre 1861.

LE FILS DE L'ALCADE
Ballet en 1 acte.
Scénario de Justamant.

22 janvier 1862.

LA PAGODE
Opéra comique en 2 actes.
Paroles de Saint-Georges.
Musique de Fauconnier.

Mmes Meyer-Boulard (Foa), Dupuy (Nididja).

MM. Jourdan (Williams), Bonnefoy (le grand prêtre), Aujac (son confident).

24 janvier 1862.

UN BAL TRAVESTI
Ballet-divertissement en 1 acte.
Scénario de Justamant.

28 février 1862.

STELLA MONTI
Opéra comique en 3 actes et 4 tableaux.
Paroles de Demoulin.
Musique de Aloys Kettens.

10 mars 1862.

LE JOUEUR DE BINIOU
Ballet en 1 acte.

21 mars 1862.

PHILEMON ET BAUCIS
Opéra comique en 2 actes.
Paroles de Jules Barbier et Michel Carré.
Musique de Charles Gounod.

Mme Miolan-Carvalho (Baucis).

MM. Jourdan (Philémon); Bonnefoy (Jupiter), Ismaël (Vulcain).

28 mars 1862.

LE TEMPLIER
Opéra en 5 actes et 6 tableaux.
Version française de L. Danglas.
Musique de Otto Nicolaï.

MM. Ismaël (Brian-de Bois Guilbert), Bertrand (Ivanhoé), Périé (Cédric).

Mmes Bonnefoy (Lady Rowena), Elmire (Rébecca).

6 mai 1862.

LA FERME
Opéra comique en 1 acte.
Paroles et musique de Stoumon.

MM. Bonnefoy, Aujac.
Mmes Dupuy, Michel.

1862-1863

Directeur : Théodore Letellier.
Régisseur général : Ferdinand Roux.
Régisseur : Alfred Bry.
Régisseur des chœurs : Ducos.
Premier chef d'orchestre : Ch. L. Hanssens.
Chef d'orchestre : Bosselet.
Maître de ballet : Justamant.
Régisseur de ballet : Bertotot.

*

TENORS : Bertrand, Jourdan, Aujac, Costi-Caussade, Emile; Carrier et Petit-Delamarre (ténors comiques).

BARYTON : Martin.

BASSES : Périé, Bonnefoy, Borsary, Pierre Galès.

CHANTEUSES : Monrose, Rey, De Maesen, Dupuy, Michel-Costi, Rosina, Andrée, Meuriot.

**

Ballet.

Danseurs . Lamy aîné, Lamy jeune, Bertotot, Charles.

Danseuses : Pargès, Girod, Wesmael, Mendez, Montassu.

***

EN REPRESENTATION

Mmes Mayer-Boulart, Wertheimber; N. Renard; la compagnie italienne de Merelli : Mmes Lafon, Elisa Volpini, Siaschetti; MM.Carion, Zacchi, Agnesi, Rossi.

Pour maladie : MM. Talon, Mathieu, Louant remplacent Bertrand, N. Froment, M. et Mme Ricquier-Delaunay dans Le Barbier de Séville; Mlle Olivier dans Les Hugenots et Robert le Diable.

Ouverture : 1er septembre 1862, La Juive.
Clôture : 31 mai 1863, La Reine de Saba.

****

LES CREATIONS DE LA SAISON

5 septembre 1862.

L'EVENTAIL
Opéra comique en 1 acte.
Paroles de Michel Carré et Jules Barbier.
Musique d'Ernest Boulanger.

7 septembre 1862.

FAUST
Reprise en *grand* opéra.

27 octobre 1862.

LALLA-ROUKH
Opéra comique en 2 actes.
Paroles d'Hippolyte Lucas et Michel Carré.
Musique de Félicien David.

MM. Jourdan (Noureddin), Bonnefoy (Baskir).

Mmes Monrose (Lalla-Roukh), Dupuy (Mirza).

3 décembre 1862.

LE MARECHAL FERRANT
Opéra comique en 1 acte.
Musique de Steveniers.

5 décembre 1862.

LA REINE DE SABA
Grand opéra
en 5 actes et 6 tableaux.
Paroles de Jules Barbier et Michel Carré.
Musique de Charles Gounod.

MM. Bertrand (Adorinam), Périé (Soliman), Aujac (Amrou), Martin (Thanor), Bonnefoy (Methonsaël), Pierre Galès (Sador).

Mmes Rey (Balkis), Dupuy (Bénoni).

22 décembre 1862.

LES SONGES
Divertissement en 1 acte.

3 février 1863.

LA CHATTE MERVEILLEUSE

Opéra comique en 3 actes et 8 tableaux.

Paroles de Dumanoir et d'Ennery.
Musique d'Albert Grisar.

M. Jourdan (Urbain), Bonnefoy (le magicien), Carrier (Babolin), Petit-Delamarre (le roi), Aujac (le troisième frère).

Mmes Monrose (Féline), Cèbe (la fée aux perles), Dupuy (Alison).

28 février 1863.

LA FLEUR DU VAL SUZON

Opéra comique en 1 acte.

Paroles de Turpin de Sançay.
Musique de Georges Donay.

MM. Aujac (le comte de Valbreuse), Borsary (Trinqualet), Carrier (Nicodème Vacherot).

Mme Cèbe (Mignonne).

7 avril 1863.

LE JOAILLIER DE SAINT-JAMES

Opéra comique en 3 actes.

Paroles de Saint-Georges et De Leuven.
Musique d'Albert Grisar.

MM. Jourdan (le comte Oliveri), Aujac (Bernard), Carrier (Tom Krick).

Mme Monrose (la marquise de Richmond).

20 avril 1863.

LE FREISCHUTZ

Grand opéra en 3 actes et 5 tableaux.

Version française d'Emilien Pacini.
Musique de Charles-Marie de Weber.

MM. Bertrand (Max), Périé (Gaspard).

Mmes de Maesen (Agathe), Andrée (Annette).

6 mai 1863.

LE DON JUAN DE VILLAGE

Opéra comique en 1 acte.

Paroles de P. de Chazot.
Musique de Bryon d'Orgeval.

MM. Aujac (Martin), Carrier (Athanase Pivoine).

Mmes Dupuy, Cèbe (Marguerite et Rose).

6 mai 1863.

LE ROYAUME DES FLEURS

Ballet en 3 tableaux.

Scénario de Justamant.
Musique de Berton.

23 mai 1863.

LE ROMAN D'ELVIRE

Opéra comique en 3 actes.

Paroles
de De Leuven et Alexandre Dumas.
Musique d'Ambroise Thomas.

M. Jourdan (le chevalier d'Albani).

Mmes Monrose (la marquise de Villabianca), Dupuy (Lilla).

1863-1864

Directeur : Théodore Letellier.
Régisseur général : Ferdinand Roux.
Régisseur : Alfred Bry.
Régisseur des chœurs : Ducos.
Premier chef d'orchestre : Ch. L. Hanssens.
Chefs d'orchestre : Bosselet, Callandini.
Maître de ballet : Justamant.
Régisseur de ballet : Bertotot.

*

TENORS : Bertrand, Jourdan, Aujac, Tyckaert, Dubouchet, Mengal.

BARYTON : Meillet.

BASSES : Léderac (« R »; Roudil), Périé, Brion, Borsary, Pierre Galès.

CHANTEUSES : Mayer-Boulart, Meillet, Borghèse, de Maesen, Faivre, Cèbe, Sané, Guille.

**

Ballet.

Danseurs : Alexandre Paul, Bertotot, Dominique.

Danseuses : Dumilâtre (« R »; Friedberg), Girod, Wesmael, Pepita, Ferrus, Montassu.

***

EN REPRESENTATION

M. Roger.
Mlles Ferraris, Alexandra Calipoliti (premières danseuses).

Pour maladie : MM. Caubet, Sapin remplacent M. Bertrand; Mmes Bessin-Pouillet, Baudier-Balbi remplacent Mme Mayer-Boulart.

Ouverture : 1 septembre 1863, L'Ambassadrice, Le Mariage extravagant.

Clôture : 31 mai 1864, Les Huguenots.
10 novembre 1863 : mort de la basse, M. Borsary.

****

LES CREATIONS DE LA SAISON

28 septembre 1863.

BONSOIR VOISIN
Opéra comique en 1 acte.
Paroles
de Brunswick et Arthur de Beauplan.
Musique de Poise.

M. Meillet (Charlot).
Mlle Faivre (Louisette).

23 octobre 1863.

LE JARDINIER ET SON SEIGNEUR
Opéra comique en 1 acte.
Paroles de Michel Carré et Barrière.
Musique de Léo Delibes.

Mmes Faivre (Petit Pierre), Guille, Sané.
MM. Aujac, Mengal, Dubouchet.

16 novembre 1863.

OBERON
Opéra fantastique en 3 actes.
Version française
de Nuitter, Beaumont et Chazot.
Musique de Charles-Marie de Weber.

MM. Aujac (Obéron), Jourdan (Huon de Bordeaux), Meillet (Scherasmin), Mengal (Sadack), Dubouchet (Aboulifar).
Mmes Mayer-Boulart (Rézia), Borghèse Puck), Faivre (Fatime).

2 décembre 1863.

LE ROYAUME DES FLEURS
Ballet en 2 actes et 3 tableaux.

19 décembre 1863.

FLAMMA
Ballet en 2 actes.

8 janvier 1864.

L'ORCO

Opéra fantastique en 2 actes et 3 tableaux.

Paroles de Louis Hymans.

Musique d'O. Stoumon.

MM. Jourdan, Brion d'Orgeval, Mengal.
Mme de Maesen.

—•—

1 février 1864.

LES AMADRYADES

Ballet en 1 acte.

21 mars 1864.

L'ETOILE DE MESSINE

Ballet en 2 actes et 5 tableaux.

Musique du comte Gabrielli.

—•—

26 mai 1864.

NYMPHES AMAZONES

Ballet en 2 actes.

Scénario de Justamant.

1864-1865

Directeur : Théodore Letellier.
Régisseur général : Marcel Briol.
Régisseur : Alfred Bry.
Régisseur des chœurs : Ducos.
Premier chef d'orchestre : Ch. L. Hanssens.
Chef d'orchestre : Bosselet.
Maître de ballet : Monplaisir.
Régisseur de ballet : Bertotot.

*

TENORS : Wicart, Jourdan, Holtzem, Joliet (« R »; Prunet « R »; Gravière), Metzler, Danglès.

BARYTON : Barré.

BASSES : Rondil, Coulon, Mederic (« R »; Odezenne « R »; Gilbert Didier « R »; Brion d'Orgeval), Mengal, Ferrand, Pierre, Pennequin.

CHANTEUSES : Meyer-Boulart, Blarini (« R »; Ebrard-Gravière « R »), Charry, Elmire. Moreau, Faivre-Réty, Arquier, Dubarry, Marie Gronin, Bernouville.

**

Ballet.

Danseurs : Charansolin, Paul, Bertotot, Ajax, Hanssen.

Danseuses : Boschetti et Laurati (en représentation), Gamberini, Robert, Olympe, Dutertre, Stéphanie.

***

EN REPRESENTATION

Mlles Boschetti, Claire Bruniska, Sanzavecci, Laurati, Zina, Mérante.

MM. Vannaud, Meillet, Berton, Coladoghi.

Mmes Marie Cabel, Lichtmay, Brus-Mabrue, Audibert.

Ouverture : 1 septembre 1864, Les Huguenots.

Clôture : 31 mai 1865, Lara.

****

LES CREATIONS DE LA SAISON

5 septembre 1864.

LA FETE DES VOILES

Ballet en 1 acte et 3 tableaux.

Scénario de Monplaisir.

Musique de Giazza.

—•—

18 septembre 1864.

LES NATIONS

Ballet en 1 acte.

Scénario de Monplaisir.

12 octobre 1864.

LE DOCTEUR MIROBOLAN

Opéra comique en 1 acte.

Paroles de Cormon et Tainon.

Musique de Gautier.

M. Mengal.
Mme Faivre.

17 octobre 1864.

LA REINE TOPAZE

Opéra comique en 3 actes.

Paroles de Lockroy et Léon Battu.

Musique de Victor Massé.

Mmes Meyer-Boulart (Topaze), Dubarry (comtesse Filomèle).

MM. Jourdan (capitaine Rafael), Barré (Annibal Barbiano), Dauglès (Fritellino), Mengal (Francatrippa).

20 octobre 1864.

LES AMOUREUX DE JEANNETTE

Ballet en 1 acte.

Scénario d'Adrien.

Musique de Tourez.

4 novembre 1964.

SYLVIE

Opéra comique en 1 acte.

Paroles
de Jules Adenis et Jules Rostaing.

Musique d'Ernest Giraud.

Mlle Faivre (Sylvie).

MM. Prunet (Germain), Dauglès (père Jérôme).

16 décembre 1864.

BOUCHARD D'AVESNES

Opéra en 5 actes et 7 tableaux.

Paroles de Van Peene.

Musique de Miry.

MM. Wicart (Bouchard d'Avesnes), Roudil, Coulon.

Mmes Moreau, Elmire, Arquier (le page).

19 décembre 1864.

L'ILE DES AMOURS

Ballet en 2 actes et 4 tableaux.

Scénario de Monplaisir.

4 mars 1865.

LARA

Opéra comique en 3 actes et 6 tableaux.

Paroles de Cormon et Michel Carré.

Musique d'Aimé Maillart.

MM. Jourdan (Lara), Brion d'Orgeval (Lambro), Barré, Ferrand, Metzler.

Mmes Meyer-Boulart (la comtesse Flor), Faivre-Réty (Kaleb-Guenare), Arquier, Bernonville.

20 mars 1865.

LA STATUE

Opéra en 3 actes et 5 tableaux.

Paroles de Michel Carré et Jules Barbier.

Musique d'Ernest Reyer.

MM. Wicart (Sélim), Roudil (Amgiade), Holtzem (Mouck), Brion d'Orgeval (Kaloum-Barouch).

Mme Moreau (Margyane).

12 avril 1865.

MIREILLE

Opéra en 5 actes et 6 tableaux.

Paroles de Michel Carré.

Musique de Charles Gounod.

MM. Jourdan (Vincent), Brion d'Orgeval (Ramon), Barré (Ourrias).

Mmes Meyer-Boulart (Mireille), Faivre-Réty (Taven).

24 avril 1865.

LE CAPTIF

Opéra comique en 1 acte.

Paroles d'Eugène Cormon.

Musique d'Edouard Lassen.

MM. Jourdan (Cervantès), Mengal (Agi-Morato), Ferraud (Aïdar).

Mme Moreau (Maryam).

11 mai 1865.

ROLAND A RONCEVAUX

Opéra en 4 actes.

Paroles et musique d'A. Mermet.

MM. Wicart (Roland), Coulon (archevêque Turpin), Roudil (Ganelon), Holtzem (le pâtre).

Mmes Charry (Alde), Moreau (Saïda).

28 mai 1865.

KA-IN KA-A

Ballet en 1 acte.

Scénario de Monplaisir.

Musique de Bosselet.

1865-1866

Directeur : Théodore Letellier.
Régisseur général : Marcel Briol.
Régisseur : Alfred Bry.
Régisseur des chœurs : Ducos.
Premier chef d'orchestre : Ch. L. Hanssens.
Chef d'orchestre : Bosselet.
Maître de ballet : Vincent.
Régisseur de ballet : Hanssen.

*

TENORS : Morève, Jourdan, Charles Achard (« R »; Barbot), Nieberg, Achard.

BARYTON : Monnier.

BASSES : Vidal, Depoitier, Mengal, Ferraud, Pierre, Toussaint.

CHANTEUSES : Désirée Artot (septembre, octobre), Marimon (novembre, mai), Daniele, Moreau, Erembert, Dumestre, Arquier, Fossombroni, Aurélie.

**

Ballet.

Danseurs : Vincent, Paul, Hanssen.
Danseuses : Montassu.

***

EN REPRESENTATION

Mmes Doreci, Deponti, Brus-Mabrue, Esterbin-Daniele.

MM. Flachat, Soto, Alexis Tasson.

Le théâtre italien de Paris : directeur M. Bagier; chef d'orchestre M. Accursi.

Ouverture : 1 septembre 1865, Les Huguenots.
Clôture : 31 mai 1866, 60e de L'Africaine.

****

LES CREATIONS DE LA SAISON

19 septembre 1865.

LE CAPITAINE HENRIOT

Opéra comique en 3 actes.

Paroles de Victorien Sardou et Gustave Vaëz.

Musique de Gevaert.

MM. Jourdan (René de Mauléon), Monnier (Henri IV), Depoitier (don Fabrice), Ch. Achard (Bellegarde), Mengal (Pastorel).

Mmes Erembert (Blanche d'Etianges), Dumestre (Fleurette), Arquier (Valentine de Reuilles).

---

20 octobre 1865.

LA TRAVIATA

Opéra en 4 actes.

Version française d'Edouard Duprez.

Musique de Giuseppe Verdi.

MM. Jourdan (Rodolphe d'Orbel), Monnier (d'Orbel père), Depoitier (le docteur), Barbot (le vicomte de Letorières).

Mmes Artot (Violetta), Aurélie (Clara).

---

22 octobre 1865.

LA REINE DES PRAIRIES
Ballet en 3 tableaux.
Scénario de Vincent.
Musique de Stoumon.

30 novembre 1865.

L'AFRICAINE
Opéra en 5 actes et 6 tableaux.
Paroles de Scribe.
Musique de Meyerbeer.
(60 représentations.)

MM. Morère (Vasco de Gama), Monnier (Nélusko), Vidal (don Pedro), Barbot (don Alvar), Depoitier (le grand inquisiteur), Ferraud (le grand brahmine).

Mmes Erembert (Sélika), Moreau (Inès).

7 janvier 1866.

LE NAUFRAGE
Ballet en 1 acte.
Scénario de Vincent.
Musique de Stoumon.

15 mars 1866.

LE MARIAGE DE DON LOPE
Opéra comique en 1 acte.
Paroles de Jules Barbier.
Musique d'Ed. de Hartog.

MM. Mengal (don Inigo), Barbot (don Lope), Achard (Guzman).

Mmes Dumestre (Rosine), Fossombroni (Lucrèce), Arquier (Camille).

1866-1867

Directeur : Théodore Letellier.
Régisseur général : Félix Potel.
Régisseur : Féraud.
Premier chef d'orchestre : Ch. L. Hanssens.
Chef d'orchestre : Bosselet.
Maître de ballet : Mazillier.
Régisseur de ballet : Hanssen.

*

TENORS : Dulaurens, Jourdan, Barbet, De Keghel, Vrijdag, Achard, Gigniez.

BARYTONS : Monnier, Félix (« R »; Dumestre).

BASSES : Vidal, Jamet, Mengal, Chappuis, Féraud, Vermatte, Thomas.

CHANTEUSES : Daniele, Marimon (en représentation), Miolan (en représentation), Moreau, Erembert, Flory (« R »; Dumestre), Estagel, Viette, Aurélie.

**

Ballet.

Danseurs : Mazillier, Porget, Hanssen, Deridder.

Danseuses : Dulaureys, Jacquetti (« R »; Cassini), Riçois, Anna Serindat, Camille, Montassu.

***

EN REPRESENTATION

Mmes Harris, Monteau-Lambert, Bléau, Elmire, Césa, Balbi-Verdrier.

M. Bach.

Septembre 1866 : mort de Mlle Letellier, fille du directeur (choléra).

Ouverture : 2 septembre 1866, Les Huguenots.

Clôture : 31 mai 1867, Les Huguenots.

****

LES CREATIONS DE LA SAISON.

5 septembre 1866.

LE VOYAGE EN CHINE
Opéra comique en 3 actes.
Paroles d'Eugène Labiche et Delacour.
Musique de Fr. Bazin.

MM. Jourdan (Henri de Kermoisan),

Monnier (Pompéry), Achard (Alidor de Rosenville), Mengal (Bonneteau).
Mmes Daniele (Marie), Flory (Berthe), Viette (Mme Pompéry).

21 septembre 1866.

LES ABSENTS

Opéra comique en 1 acte.
Paroles d'Alph. Daudet.
Musique de Ferdinand Poise.

M. Barbet (Eustache), Chappuis (le jardinier).
Mmes Estagel (la cousine), Viette (la tante).

5 octobre 1866.

LE BERGER ET LES ABEILLES

Divertissement-ballet en 1 acte.
Scénario de Saint-Léon.
Musique d'Halévy.

16 décembre 1866.

LE BURLICKMANN VENGE

Ballet comique en 1 acte, de Bernier.

18 décembre 1866.

LE DOCTEUR CRISPIN

Opéra comique en 4 actes et 8 tableaux.
Paroles de Nuitter et Beaumont.
Musique des frères Ricci.

MM. Jamet (Crispino), Chappuis, Monnier, Jourdan.
Mlle Marimon (Annette), Dumestre.

28 décembre 1866.

DIAVOLINA

Ballet-pantomime en 1 acte.

1 mars 1867.

UNE FETE AU PORT

Divertisement en 1 acte.
Scénario de Mazillier.

29 mars 1867.

MIGNON

Opéra comique en 3 actes et 5 tableaux.
Paroles de Michel Carré et Jules Barbier.
Musique d'Ambroise Thomas.

MM. Jourdan (Wilhelm Meister), Jamet (Lothario), Barbet (Laërte), Achard (Frédéric), Chappuis (Jarno).
Mmes Daniele (Mignon), Moreau (Philine).

5 avril 1867.

UNE CROYANCE BRETONNE

Opéra comique en 1 acte.
Paroles de Humbert.
Musique de Balthazar Florence.

13 mai 1867.

PIERRE-LE-GRAND A SAARDAM

Opéra comique en 3 actes.
Version française de Danglas.
Musique de Lortzing.

MM. Jamet (le bourgmestre), Monnier, Barbet, Achard, Chappuis, Ferraud.
Mmes Dumestre, Viette.

1867-1868

Directeur : Théodore Letellier.
Régisseur général : Félix Potel.
Régisseur : Féraud.
Premier chef d'orchestre : Ch. L. Hanssens.
Chef d'orchestre : Bosselet.
Maître de ballet : Lamy.
Régisseur de ballet : Hanssen.

*

TENORS : Dulaurens, Jourdan, Barbet, Laurent, Tykaert, Etienne, Girardot, Henrion.

BARYTONS : Dumestre, Ricquier-Delaunay.

BASSES : Vidal, Jamet, Chappuis, Féraud, Vermatte, Thomas, Codelaghi.

CHANTEUSES : Daniele, Nau (« R »; Corradi; Nau revient); Wallack (« R » en janvier; Sallard), Lambelé, Erembert, Bédora, Dumestre, Pauline Killiau, Neulat, Aurélie.

**

Ballet.

Danseurs : Lamy, Lamy jeune, Hanssen, Deridder.

Danseuses : Lamy, Jacquetti, Cassani, Meyssart.

***

EN REPRESENTATION

Mmes Sasse, Miolan-Carvalho, Lagye, Hustache, Baretti, Elmire, Borghèse,

MM. Duwart, Blum, Léon, Wicart, Feitlinger.

La compagnie italienne avec Mmes Carlotta Barozzi, Zucchi, Paolina Castri, E. Muzzio, Lucia Chambresi, Arnoldi et MM. Tomben, Melchiorre Vidal, Napoleone Verger, A. Capario, Fiorizelli, Giacomelli; Zucchi, chef d'orchestre.

Ouverture : 1 septembre 1867, Guillaume Tell.

Clôture : 31 mai 1868, La Juive.

****

LES CREATIONS DE LA SAISON.

23 septembre 1867.

LA SIRENE
Ballet en 1 acte.

14 octobre 1867.

LE FILS DU BRIGADIER
Opéra comique en 3 actes.
Paroles de Labiche et Delacour.
Musique de Massé.

18 novembre 1867.

ROMEO ET JULIETTE
Opéra en 5 actes et 8 tableaux.
Paroles de Jules Barbier et Michel Carré.
Musique de Charles Gounod.

Mmes Daniele (Juliette), Dumestre (Stephano).

MM. Jourdan (Roméo), Ricquier-Delaunay (Capulet), Barbet (Mercutio), Jamet (frère Laurent), Laurent (Tybalt).

5 décembre 1867.

LA COLOMBE
Opéra comique en 2 actes.
Paroles de Michel Carré et Jules Barbier.
Musique de Charles Gounod.

MM. Jamet (Horace), Laurent(le majordome).

Mmes Dumestre (Mazet), Wallack (Sylvie).

5 décembre 1867.

LA FEE AMOUREUSE
Ballet en 2 actes.
Musique de Stoumon.

21 janvier 1868.

FAUNE ET BERGERE
Ballet en 2 tableaux.
Scénario de Lamy.
Musique de Fiévet.

30 janvier 1868.

LE BEARNAIS

Opéra comique en 3 actes et 4 tableaux.
Paroles de Pellier et H. Kirsch.
Musique de Radoux.

Mmes Sallard (Gabrielle), Dumestre, Neulat.

MM. Ricquier-Delaunay (Henri IV), Jamet (baron d'Amerval), Laurent, Etienne.

17 février 1868.

ROBINSON CRUSOE

Opéra comique en 3 actes et 5 tableaux.
Paroles d'E. Cormon et H. Crémieux.
Musique de Jacques Offenbach.

MM. Jourdan (Robinson), Ricquier-Delaunay (sir William Crusoë), Barbet (Toby), Etienne (Jim Cocks).

Mmes Daniele (Vendredi), Dumestre (Suzanne), Nau (Edwige), Neulat (Deborah).

11 mars 1868.

DON CARLOS

Opéra en 5 actes et 8 tableaux.
Paroles de Méry et du Locle.
Musique de Giuseppe Verdi.

MM. Dulaurens (Don Carlos), Dumestre (Rodrigue), Vidal (Philippe II), Jamet (le grand inquisiteur).

Mmes Sallard (la princesse Ebolli), Erembert (la reine Elisabeth).

14 avril 1868.

LA JOLIE FILLE DE PERTH

Opéra comique en 4 actes et 5 tableaux,
Paroles de Saint-Georges et Adenis.
Musique de Georges Bizet.

MM. Jourdan (Henri Smith), Ricquier-Delaunay (le duc de Rothsay), Jamet (Ralph).

Mmes Daniele (Catherine Glover), Dumestre (la bohémienne Mab).

28 avril 1868.

KLIELA

Ballet en 1 acte.
Scénario de Lamy. — Musique de Méry.

1868-1869

Directeur : Théodore Letellier.
Régisseur général : Félix Potel.
Régisseur : Féraud.
Régisseur des chœurs : Thomas.
Premir chef d'orchestre : Ch.-L. Hanssens.
Chef d'orchestre : Bosselet.
Maître de ballet: Lamy.
Régisseur de ballet : Hanssen.

*

TENORS : Massy (« R »; Warot), Jourdan, Barbet, Lapissida, Tournade («R»; Guffroy), Lallement, Henrion.

BARYTONS : Dumestre, Giraudet («R»; Cazeaux).

**

BASSES : Jamet, Lepers (« R »; Carman), Chappuis, Féraud, Vermatte, E. Terrain (« R »; Tournade).

CHANTEUSES: Marimon, Sallard, Marty (« R »; Godefroy « R »; Inès Lambert), Dumestre (« R »; Paula), Lombia (« R »; Ferrey), Pauline Killiam, Neulat, Aurélie.
En cours de saison : Franchino, Duguers.

Ballet.

Danseurs : Lamy, Lamy jeune, Hanssen, Deridder.

Danseuses : Lamy, Jacquetti, Cassani, Delas, Meyssart.

***

EN REPRESENTATION

Mmes Poinsot, Adelina Patti, Cordier, Van Edelsberg, Alboni, Marie Sasse, Miolan-Carvalho.

M. Belval.

Ouverture : 1 septembre 1868, Le Maître de Chapelle; Le Docteur Crispin.

Clôture : 30 avril 1869, Roméo et Juliette, La Muette de Portici (actes II, III, IV et V).

****

LES CREATIONS DE LA SAISON

9 septembre 1868.

LE SORCIER

Opéra comique en 1 acte.

Mme Anaïs Marcelli.

—•—

26 septembre 1868.

MAITRE WOLFRAM

Opéra comique en 1 acte.

Paroles de Méry et Théophile Gautier.

Musique de Reyer.

MM. Lepers (maître Wolfram), Barbet (l'officier Franty), Chappuis.

Mme Dumestre (Hélène).

—•—

4 novembre 1868.

LE PREMIER JOUR DE BONHEUR

Opéra comique en 3 actes.

Paroles de Adolphe Dennery et Eugène Cormon.

Musique d'Auber.

Mmes Marimon (miss Hélène); Paula (Djelma).

MM. Jourdan (Gaston de Maillepré), Carman, Guffroy (l'Anglais), Tournade.

—•—

3 décembre 1868.

BUL-BUL, LA CIRCASSIENNE

Ballet en 2 actes et 3 tableaux.

Scénario de A. Lamy.

Musique de Beumer.

—•—

13 février 1869.

LA BOUQUETIERE

Ballet en 1 acte.

Scénario de A. Lamy.

Musique de Ch. Miry.

—•—

30 mars 1869.

LA SULTANE

Ballet en 2 actes et 3 tableaux.

Scénario de A. Lamy.

Musique de Fiévet.

—•—

Hors saison :

1er au 30 mai.

Compagnie italienne : Directeur E. Coulon.

MM. Piccioli, Jourdan, Giovanni, Tessoni, Mendioroz, E. Coulon, Scolara, Vairo, Willemi, Lafond.

Mmes Palmeri, Calisto, Morensi, Corradi, Allieri.

Chef d'orchestre : Singelée.

1869-1870

Directeur : Jules-Henry Vachot.
Régisseur général : Bauce.
Régisseur : Carlo.
Premier chef d'orchestre : Singelée.
Chefs d'orchestre : Bosselet, Buziau.
Maître de ballet : Hus.
Régisseur de ballet : Hanssen.

*

TENORS : Morère, Peschard, Billion, Aujac, Herstall, Lapissida.
Engagé en cours de saison : Froment.

BARYTONS : Troy, Méric («R »; Ricquier-Delaunay).

BASSES : Coulon (« R »; Pons), Blondeau, Maurel, Chappuis, Melchior, Vermatte.

CHANTEUSES : Zina d'Alti («R»; Jeanne Devriès), Derasse, Sternberg, Saunier (« R »; Adelina Cortez), Nordet, Peschard, Neulat, Aurélie.

**

Ballet.

Danseurs : Charançonnay, Poigny, Hanssen, Deridder.
Danseuses : Olympia Corilla («R»; Schlager), Rosetti, Cassani, Clara Hus, Meypart.

***

EN REPRESENTATION

MM. Delabranche, Hohler, Tagliafico, Roger, Bouvard, Dequercy, Blum, Armandi, Harvin.

Mmes Marie Battu, Alboni, Thérèse Careno, Wertheimber, Vinoy, Pradal.

Ouverture : 9 septembre 1869, Les Mousquetaires de la Reine.

Clôture : 8 mai 1870, Lohengrin.

****

LES CREATIONS DE LA SAISON

10 septembre 1869.

UN BAL SOUS LOUIS XIII
Ballet en 1 acte.
Scénario de Hus.

11 janvier 1870.

UNE FETE NAUTIQUE
Ballet en 1 acte.
Scénario de Hanssen.
Musique de Lagye.

11 février 1870.

UNE FOLIE A ROME
Opéra bouffe en 3 actes.
Paroles de Wilder.
Musique de F. Ricci.

Mmes Jeanne Devriès (Laurence), Peschard (Elvire), Aurélie.
MM. Troy, Froment (Maurice), Ricquier-Delaunay.

14 mars 1870.

LES ROUSSALKAS
Opéra en 2 actes et 3 tableaux.
Paroles d' Edm. Morvan.
Musique de Mme la baronne de Maistre.

Mmes Fidès, Devriès (Catherine).
MM. Troy (prince Léo), Peschard (Ivan), Aujac (Prosper), Maurel.

16 mars 1870.

LES BELLES DE NUIT
Ballet en 1 acte.
Musique de Stoumon.

22 mars 1870.

LOHENGRIN
Opéra romantique en 3 actes et 4 tableaux.
Version française de Nuitter.
Musique de Richard Wagner.
20 représentations.

MM. Pons (Henri l'Oiseleur), Blum (Lohengrin), Troy (Frédéric de Telramund), Maurel (le héraut).

Mmes Sternberg (Elsa de Brabant), Derasse (Ortrude).

Orchestre dirigé par Richter.

29 avril 1870.

LE FLORENTIN

Opéra comique en 3 actes.
Musique de Pichoz.
Paroles de Saint-Georges.

Mmes Jeanne Devriès, Nordet.
M. Peschard.

1870-1871

Directeur : Jules-Henry Vachot.
Régisseur général : Bauce.
Régisseur : Carlo.
Premier chef d'orchestre : Singelée.
Chefs d'orchestre : Bosselet, Buziau.
Maître de ballet : Holtzer.

*

TENORS : Warot, Peschard (remplacé par Lhérie), Dequercy (« R »; Barbet), Aujac, Lemaire, Lapissida.

BARYTON : Monnier.

BASSES : Christiani (« R »; Barbera « R »; Bonnefoy « R »; Feitlinger), Falchieri (« R »; Jamet), Ben Aben, Chappuis, Lambert.

CHANTEUSES : Jeanne Devriès, Fidès Devriès, Sternberg, Marie Dubois, Nordet, Peschard, Neulat, Aurélie.

**

Ballet.

Danseurs : Charançonnay, Poigny, Charles.
Danseuses : Adelina Théodore, Campayer, Mory, C. Cérit.

***

EN REPRESENTATION

MM. Montaubry, Faure, Belval, Augier, Christophée, De Keghel, Alexié, Faurès, Laurent, Gens, Mazurini, Lhéritier, Engel, Huet, Brion d'Orgeval, Wicart, Dulaurens, Wieten, Lauwers, Armand des Roseaux.

Mmes Marie Sasse, Bloch, Lemoine-Cifolelli, Hamackers, Marimon, Heilbronn, Miolan-Carvalho, Adelina Patti, Wertheimber, Daniele, Mendié-Loustani, Marie Battu, Ricquier-Delaunay, Derasse, Chappuis.

Mme Rousset (danseuse).

8 avril 1871 : Mort de Ch. Hanssens, chef d'orchestre.

Ouverture : 4 septembre 1870, Le Trouvère.

Clôture : 4 mai 1871, Le Chalet; Faust (acte III); La Muette de Portici (acte II); La Madone; Intermède musical.

****

LES CREATIONS DE LA SAISON

19 octobre 1870.

L'OMBRE

Opéra comique en 3 actes.
Paroles de Saint-Georges.
Musique de de Flotow.

MM. Lhérie (Fabrice), Ben-Aben (le docteur Antoine).

Mmes Fidès Devriès (Jeanne), Nordet (Mme Abeille).

3 novembre 1870.

UNE FETE HONGROISE

Ballet en 1 acte.

21 décembre 1870.

LE NID D'AMOUR

Ballet en 1 acte.

5 février 1871.

LE BILLET DE MARGUERITE

Opéra comique en 3 actes.

Paroles de De Leuven et Brunswick.
Musique de Gevaert.

MM. Lhérie (Reinhold), Ben-Aben (Tobias), Aujac (Jacobus).

Mmes Fidès Devriès (Marguerite), Nordet (Bertha).

7 février 1871.

LA MADONE

Ballet en 1 acte et 2 tableaux.

Scénario de Chappuis.
Musique de Stoumon.

22 mars 1871.

ELISABETH DE HONGRIE

Opéra en 4 actes et 6 tableaux.

Paroles de Saint-Georges.
Musique de Jules Beer.

M. Warot.

Mme Sternberg.

10 avril 1871.

LA JEUNESSE DE GRETRY

Opéra comique en 2 actes.

Paroles de Lhoest.
Musique de Félix Pardon.

1871-1872

Directeur : Jules-Henry Vachot.
Régisseur général : Bauce.
Régisseur : Lapissida.
Régisseur des chœurs : Alexandre.
Premier chef d'orchestre : Singelée.
Chef d'orchestre : Buziau.
Maître de ballet : Hanssen.
Régisseur de ballet : Charles.

*

TENORS : Warot, Genevois (« R »; Fabre « R »; Bresson « R »; Cabel), Barbet, Lapissida, Dubouchet, O. Lafont (« R »; Tournade « R »; Vranitz), Philippe Jourdan.

BARYTON : Lassalle.

BASSES : Vidal, Boyer, Arsandeau, Lauwers, Chappuis, Mechelaere, Blondeau.

CHANTEUSES : Von Edelsberg (en représentation), Sternberg, Durand-Hitchcock (« R »; Girard « R »; Baretti « R »; Monrose), Hasselmans, Nordet, Michelli, Neulat, Aurélie.

**

Ballet.

Danseurs : Charançonnay, Poigny, Charles, Hanssen, Deridder.

Danseuses : Adelina Théodore, Laurençon, Joséphine Invernizzi, Dolorès.

Ballet viennois : Mlles Katti Lanner, Berthe Lendu, M. Francesco.

***

EN REPRESENTATION

MM. Achard, Faure, Dulaurens, Ketten, Aniccie, Brion d'Orgeval.

Mmes Adelina Patti, Cabel, Marie Rose, Méjare, Haussmann, Chilli-Boulou, Dubouchet, Rolibaert, Sessi, Danis-Barnolf.

Ouverture : 5 septembre 1871, Les Huguenots.

Clôture : 4 mai 1872, Hamlet.

****

CREATIONS DE LA SAISON

29 novembre 1871.

COPPELIA

Ballet en 2 actes.

Scénario de Nuitter et Saint-Léon.
Musique de Léo Delibes.

26 décembre 1871.

HAMLET

Opéra en 5 actes et 7 tableaux.

Paroles de Michel Carré et Jules Barbier.

Musique d'Ambroise Thomas.

MM. Faure (Hamlet), Vidal (Claudius), Barbet (Laërte), Chappuis (Polonius), Mechelaere (l'ombre du feu roi).

Mmes Sternberg (la reine Gertrude), Sessi (Ophélie).

15 janvier 1872.

LA COUPE ENCHANTEE

Opéra comique en 2 actes.

Paroles de Pellier et Kirsch.

Musique de Radoux.

Mmes Nordet, Hasselmans.

1 février 1872.

LA DOT DE REGINE

Opéra comique en 1 acte.

Paroles de Michaels.

Musique de L. Barwolf.

Mme Danis-Barwolf (Régine), Nordet (Amanda).

MM. Philippe Jourdan, Lauwers.

5 mars 1872.

LE BAL MASQUE

Opéra en 3 actes.

Version française d'Edouard Duprez.

Musique de Giuseppe Verdi.

Mmes Marie Rose (Amalia), von Edelsberg, Nordet.

MM. Warot, Lassalle, Vidal.

N. B. — Cet ouvrage fut créé à la Monnaie, en italien, en mai 1869, par la troupe de E. Coulon.

3 avril 1872.

ELIE

Oratorio en 2 parties.

Musique de Mendelssohn.

MM. Agnesi, Warot.

Mmes Hassman, Sternberg.

Chef d'orchestre : Warnots.

6 avril 1872.

LE VAISSEAU FANTOME

Opéra en 3 actes.

Version française de Nuitter.

Musique de Richard Wagner.

MM. Warot, Brion-d'Orgeval (le Hollandais), Vidal, Barbet.

Mme Sternberg (Senta).

1872-1873

Directeur : François-Hippolyte Avrillon.
Directeur de la scène : Jules Puget.
Régisseur de la scène : Lapissida.
Premier chef d'orchestre : Joseph Dupont.
Chef d'orchestre : Buziau.
Directeur de la danse : L. Petipa.
Maître de ballet : Hanssen.
Régisseur de ballet : Poigny.
Régisseur des chœurs : Aimès.

*

TENORS : Warot, Jourdan, Vinay, Guérin, Barbet, Philippe Jourdan, Lapissida.

Engagé en cours de saison : Roussel.

BARYTONS : Roudil, Martin (« R »; Garcia « R »; Lourdes « R »; Flachat).

BASSES : Bérardi, Courtois (« R »; Soto « R »; Feitlinger « R »; Desgoria), Steveni, Lauwers, Mechelaere, Mengal, Chappuis.

CHANTEUSES : Sternberg (« R »), de Taisy, Devriès, Sorandi (« R »; Hamaekers), Adèle Isaac, Csillag (« R »; Sarolta « R »); Edant-Lecuyer, Dartaux, Ambre (« R »), Aurélie, Enault-Chevalier, Moisset (« R »).

**

Ballet.

Danseurs : Charançonnay, Poigny, Waldenberg, Hanssen, Deridder.
Danseuses : Adelina Théodore, Carrière, Joséphine Salaba, Alice Dupuis, Neufcour, Champavert, Charançonnay.

***

EN REPRESENTATION

MM. Faure, Dulaurens, Caillot, Danery, Ketten, Jourdan-Savigny, Monnier.

Mmes Weldon, von Edelsberg, Marie Batty, Hasselmans, Gaston Lacaze, Lhéritier, Alida Van Gelder, Weilsten, Holmberg, Wéry.

Ouverture : 4 septembre 1872, Guillaume Tell.

Clôture : 2 mai 1873, Le Trouvère.
Subside royal . . . . 100,000 francs.
Subside communal. . . 100,000 francs.

200,000 francs,
soit une augmentation de 120,000 francs.
Fin février : Avrillon perd 150,000 francs.
Mars-2 mai : Quélus termine « gratuitement » la saison.

****

CREATIONS DE LA SAISON

14 octobre 1872.

LE MARCHE DES INNOCENTS
Ballet-pantomime en 1 acte.
Scénario de Petipa.
Musique de Puguy.

20 février 1873.

TANNHAUSER
Opéra en 3 actes.
Version française de Ch. Nuitter.
Musique de Richard Wagner.

MM. Warot (Tannhäuser), Roudil (Wolfram), Bérardi (Reinmar).
Mmes Marie Battu (Elisabeth), Hamaekers (Vénus), Adèle Isaac (un jeune pâtre).

4 mars 1873.

LES FLEURS ANIMEES
Ballet en 1 acte.
Scénario de Hanssen.
Musique de Lagay.

1873-1874

Directeur : A. D. Campocasso.
Premier chef d'orchestre : Joseph Dupont.
Chefs d'orchestre : Buziau, C. Legenisel.
Directeur de la scène : Vienne.
Régisseur de la scène : Lapissida.
Deuxième régisseur : Martin.
Maître de ballet : Hanssen.
Régisseur de ballet : Waldenberg.

*

TENORS : Warot, Duwast (« R »; Leroy « R »; Peschard), Melinge (« R »; Lingel), Fernando, Laurent-Pascal, Vantrapp, Lapissida.

BARYTONS : Roudil, Monnier (novembre-mai), Auber (septembre-octobre).

BASSES : Echetto, Bacquié, Chappuis, Mechelaere, Mengal (« R » en mars).

CHANTEUSES : Marie Battu, Carbonnel, Legenisel, Ganetti (« R »; Singelée « R »), Hamaekers, Cécile Mézeray, Campo-Lavato, Aurélie, Bourgeois (« R »; Bertin), Vantrapp.

**

Ballet.

Danseurs : Charançonnay, Grietens, Waldenberg, Hanssen, Deridder.
Danseuses : Lamy (« R »; Gosselin), Anaïs Maillart, Thérèse Dorel « R » en octobre), Alexandrowa, Champavert, Charançonnay.

EN REPRESENTATION

Mmes Marie Sasse, Galli-Marié, Leavington, Jeanne Devriès, Henriette Muller.

MM. Salomon, Monjauze, Villa Armandi, Depassio, Achard.

Ouverture : 4 septembre 1873, Les Huguenots.

Clôture : 3 mai 1874, Les Huguenots.

Conseil communal vote 140,000 francs pour réparations de décors et costumes.

****

CREATIONS DE LA SAISON

5 janvier 1874.

GRETNA GREEN

Ballet en 1 acte.

Scénario de Ch. Nuitter et L. Mérante.

Musique de E. Guiraud.

4 mars 1874.

PIERROT FANTOME

Opéra comique en 1 acte.

Scénario de Stapleaux.

Musique de Vercken.

MM. Monnier, Laurent, Lignel, Chappuis, Mengal.

12 mars 1874.

LE PASSANT

Opéra comique en 1 acte.

Paroles de F. Coppée.

Musique de Paladilhe.

Mmes Carbonnel (Sylvia), Galli-Marié (Zanetto).

28 avril 1874.

MAXIMILIEN

Opéra en 4 actes.

Paroles de Trianon et Leroy.

Musique de Limnander.

MM. Roudil (Gunther), Echetto (Rudolphe de Hesse), Laurent-Pascal (Maximilien), Monnier (l'armurier), Mechelaere.

Mmes Marie Battu (Marguerite), Mézeray.

1874-1875

Directeur : A.-D. Campocasso.

Premier chef d'orchestre : Joseph Dupont.

Chef d'orchestre : Buziau.

Régisseur général : Lapissida.

Deuxième régisseur : Farolle.

Maître de ballet : Hanssen.

Régisseur de ballet : Lafont.

*

TENORS : Marius Salomon, Blum («R»; Guillot « R »; Richard), Laurent, Farolle, Lapissida, Gerpré, Dervilliers, Lestellier (partir octobre).

BARYTONS : Devoyod, Rougé.

BASSES : Echetto, Henri Régnier («R»; Peyton « R »; Labat «R»; Petit), Wiert, (pas paru), Tapiau, Chappuis, Mechelaere.

CHANTEUSES : Marie Leslino, Salla, Priola, Hamaekers, Chauveau, Marcelle Orientis, Faigle, Louise Maes.

**

Ballet.

Danseurs : Lamy, Lafont, Duchamp, Hanssen, Deridder.

Danseuses : Lamy, Adelina Gedda, Clara Huse, Von Dahlern.

***

EN REPRESENTATION

Mmes Marie Sasse, Rosine Bloch, Belloca, Ferrucci, de Rasse, Marion, Christine Nilsson.

MM. Sylva, Dauphin, Monjauze, Achard.

Ouverture : 3 septembre 1874, Guillaume Tell.

Clôture : 2 mai 1875, La Reine de Chypre.

SAISON SANS CREATION

1875-1876

Directeurs : Stoumon et Calabresi.
Premier chef d'orchestre : Joseph Dupont.
Chef d'orchestre : Souweine.
Régiseur général : Lapissida.
Deuxième régisseur : Henri.
Maître de ballet : Lamy.
Régisseur de ballet : Duchamp.

*

TENORS : Sylva, Warot, Bertin, Barbet (« R »; Libert), Guérin, Lestellier, Lapissida.

BARYTONS : Devoyod, Morlet.

BASSES : Echetto, Neven, Chappuis, Mechelaere.

CHANTEUSES : Alice Bernardi, Alice Renaud (« R »; Van den Berghe), Hamaekers, Derivis, Alice Reine, Delanoue, Ismaël, Louise Maes, Léonie.

**

Ballet.

Danseurs : Lamy, Deridder, Duchamp.
Danseuses : Lamy, Palmyre Bringhetti (« R »; Viale), Lucia Zuliani, Margottini.

***

EN REPRESENTATION

MM. Sylva, Warot.
Mmes Pauline Lucca, Ferrucci, Montoya, Devoyod-Acs.

Septembre 1875 : Mort de M. Singelée, ancien chef d'orchestre.

Octobre 1875 : Mort de M. Philippe Thibeau, ancien régisseur; de MM. Walravens et Bauwens, deux musiciens de l'orchestre; de M. Vandensavel, organiste accompagnateur.

Loge de la Reine : 4,000 francs.

Ouverture : 5 septembre 1875, La Reine de Chypre.

Clôture : 4 mai 1876, Carmen, Le Prophète (acte III).

****

LES CREATIONS DE LA SAISON:

15 octobre 1875.

LA MOISSON
Ballet en 1 acte.
Musique de Stoumon.

—•—

2 décembre 1875.

REQUIEM
Musique de Giuseppe Verdi.
Par la troupe italienne : MM. Achard, Epovoleri, Mmes Léon Duval, Barlani Dini.
Chef d'orchestre : Muzio.

—•—

3 février 1876.

CARMEN
Opéra comique en 4 actes.
Paroles de Meilhac et L. Halévy.
Musique de Georges Bizet.

MM. Bertin (Don José), Morlet (Escamillo), Neveu (Zuniga), Chappuis (le dancaïre), Guérin (le Remendado), Pellin (Moralès).

Mmes Derivis (Carmen), Alice Renaud (Micaëla), Alice Reine (Frasquita), Léonie (Mercédès).

—•—

15 avril 1876.

LES FUMEURS DE KIFF
Ballet en 3 tableaux.
Scénario de Gaston Bérardi.
Musique d'Emile Mathieu.

—•—

20 avril 1876.

AUX AVANT-POSTES
Opéra en 1 acte.
Paroles de Georges Ohnet.
Musique de Joseph Michel.

M. Morlet (Gaston de Bligny).
Mme Reine (la marquise Diane de Bligny).

1876-1877

Directeurs : Stoumon et Calabrési.
Premier chef d'orchestre : Joseph Dupont.
Chef d'orchestre : Henri Warnots.
Régisseur général : Lapissida.
Régisseur : Masson.
Maître de ballet : Hanssen.
Régisseur de ballet : Duchamp.

*

TENORS : Tournié, Bertin, Pellin, Lemercier, Guérin, Masson.
BARYTONS : Devoyod, Morlet.

BASSES : Montfort, Dauphin, Mechelaere, Boutigny, Chappuis. Engagé au cours de la saison : Châtillon.

CHANTEUSES : Jenny Howe (« R »); Alice Bernardi, Hamaekers, Derivis, Alice Renaud, Amélie Luigini, Eugénie Richard, Ismaël, Louise Maes, Léonie, Louise Crudère (« R »; Tostani « R »; Blum). Engagées au cours de la saison : Mlles Donadio, Fursch-Madier.

Ballet.

Danseurs : Poigny, Hanssen, Duchamp, Wagner, Deridder.

Danseuses : Judith David, Rosina Viale, Emilia Mauri, Lucia Zuliani.

***

EN REPRESENTATION

Mmes Pauline Lucca, Galli-Marié, Nilsson.

Ouverture : 3 septembre 1876, Les Huguenots.
Clôture : 2 mai 1877, Aïda.

LES CREATIONS DE LA SAISON

4 novembre 1876.

PICCOLINO

Opéra comique en 3 actes.
Paroles de Sardou et Nuitter.
Musique de Guiraud.

MM. Bertin (Frédéric), Dauphin (Tidmann), Morlet (Musaraigne), Pellin (Annibal), Chatillon (Strozzi), Guérin (Comète), Chappuis (Marcassonne).

Mmes Derivis (Piccolino, Marthe), Ismaël (Mme Tidmann), Renaud (Angélique).

—•—

15 janvier 1877.

AIDA

Opéra en 4 actes et 7 tableaux.
Version française de G. Du Locle.
Musique de Giacomo Verdi.
(46 représentations.)

Mmes Fursch-Madier (Aïda), Bernardi (Amnéris), Blum (une prêtresse).

MM. Tournié (Rhadamès), Dauphin (le roi), Devoyod (Amonasio), Montfort (Ramfis).

—•—

5 avril 1877.

SIR WILLIAM

Opéra comique en 1 acte.
Paroles de Coveliers.
Musique de Colyns.

Mme Blum (Miss Ewa).

MM. Morlet (Zambo ou Sir William), Guérin (sir John).

1877-1878

Directeurs : Stoumon et Calabrési.
Premier chef d'orchestre : Joseph Dupont.
Chef d'orchestre : Th. Warnots.
Régisseur général : Lapissida.
Régisseur : Masson.
Maître de ballet : Hanssen.
Régisseur de ballet : Duchamp.

*

TENORS : Tournié, Bertin, Lefèvre, Lemercier, Guérin, Masson.

BARYTONS : Devoyod, Guillen.

BASSES : Queyre, Choppin (« R »); Dauphin), Chappuis, Mechelaere.

CHANTEUSES : Minnie Hauck, Fursch-Madier, Alice Bernardi, Hamackers, Faberth (« R »; Redouté), Lurie, Ismaël, Lucy, Louise Maes, Léonie, Blum.

**

Ballet.

Danseurs : Poigny, Hanssen, Duchamp, Wagner, Deridder.
Danseuses : Theresina Ricci, Rosina Viale, Emilia Mauri (« R »; Pontebillo), Lucia Zuliani.

***

EN REPRESENTATION

Mmes Fouquet, Maria Derivis, Louisa Faïde (avec la troupe allemande de Rotterdam).
MM. Faure, Seran, Carrière.
Août 1878 : Mort de Théodore Letellier, ancien directeur.

Ouverture : 2 septembre 1877, Les Huguenots.
Clôture : 1 mai 1878, Aïda.

****

LES CREATIONS DE LA SAISON

5 septembre 1877.

LES AMOUREUX DE CATHERINE
Opéra comique en 1 acte.
Paroles de Jules Barbier.
Musique d'Henri Maréchal.

M. Lefèvre (Heinrick Walter, maître d'école).
Mlle Faberth (Catherine).

—•—

10 novembre 1877.

PAUL ET VIRGINIE
Opéra en 3 actes et 7 tableaux.
Paroles de Michel Carré et Jules Barbier.
Musique de Victor Massé.

MM. Bertin (Paul), Dauphin (M. de Sainte-Croix), Devoyod (Domingue), Mechelaere (M. de la Bourdonnais), Frennet (un intendant).
Mmes Fouquet (Virginie), Bernardi (Méala), Lurie (Marguerite), Ismaël (Mme de la Tour), Maes (un négrillon).

—•—

21 décembre 1877.

GEORGES DANDIN
Opéra comique en 2 actes.
Transformation de la comédie de Molière par Coveliers.
Musique d'E. Mathieu.

MM. Dauphin, Lefèvre, Guillen.
Mmes Redouté, Lurie, Ismaël.

—•—

25 décembre 1877.

LA VISION D'HARRY
Ballet en 2 tableaux.
Musique de Balthazar Florence.

11 janvier 1878.

CINQ-MARS

Opéra en 4 actes et 5 tableaux.

Paroles de P. Poirson et Louis Gallet.

Musique de Charles Gounod.

MM. Tournié (Cinq-Mars), Devoyod (De Thou), Lefèvre (Louis XIII), Queyrel (le père Joseph), Guillen (de Fontrailles).

Mmes Fursch-Madier (Marie de Gonzague), Hamaekers (Marion Delorme), Lurie (Ninon de Lenclos).

—•—

11 février 1878.

LA GUZLA DE L'EMIR

Opéra comique en 1 acte.

Paroles de Jules Barbier et Michel Carré.

Musique de Théodore Dubois.

Mme Blum (Fatmé).

MM. Lefèvre (l'émir), Chappuis (le tuteur, faiseur de babouches), Guérin.

1878-1879

Directeurs : Stoumon et Calabrési.
Premier chef d'orchestre : Joseph Dupont.
Chef d'orchestre : Th. Warnots.
Régisseur général : Lapissida.
Régisseur : Masson.
Maître de ballet : Hanssen.
Régisseur de ballet : Duchamp.

*

TENORS : Tournié, Rodier, Lefèvre, Mauras (pas venu, cause service militaire), Laurent (« R »; Voulet), Guérin, Masson.

BARYTONS : Couturier, Soulacroix.

BASSES : Gresse, Dauphin, Chappuis, Mechelaere.

CHANTEUSES : Fursch-Madier, Alice Bernardi, Hamaekers, Marguerite Vaillant, Elly Warnots, Lonati, Dupouy, Ismaël, Zélie, Louise Maes, Léonie.

**

Ballet.

Danseurs : Poigny, Hanssen, Duchamp, Deridder.

Danseuses : Amélie Colombier (« R »; Dora Andranne), Rosina Viale, Nelly, Lucia Zuliani.

***

EN REPRESENTATION

M. N. Faure.

Mmes Patti et Nicolini, Heilbronn.

22 février 1879 : M. Couturier épouse Mlle Vaillant.

Ouverture : 5 septembre 1878, L'Africaine.

Clôture : 4 mai 1879, Jérusalem, L'Orage.

****

LES CREATIONS DE LA SAISON.

10 février 1879.

LE TIMBRE D'ARGENT

Opéra fantastique en 4 actes et 8 tableaux.

Paroles de Michel Carré et Jules Barbier.

Musique de Camille Saint-Saëns.

MM. Rodier (Conrad), Soulacroix (le docteur), Lefèvre (Bénédict).

Mmes Vaillant (Hélène), Lonati (Rosa), Viale (la danseuse).

—•—

2 mai 1879.

L'ORAGE

Opéra comique en 1 acte.

Paroles d'Armand Sylvestre.

Musique de John Ulrich.

M. Dauphin (Mathurin), Soulacroix (Julien).

Mme Lonati (Martha).

1879-1880

Directeurs : Stoumon et Calabrési.
Premier chef d'orchestre : Joseph Dupont.
Chef d'orchestre : Th. Warnots.
Régisseur général : Lapissida.
Régisseur : Masson.
Maître de ballet : O. Poigny.
Régisseur de ballet : Duchamp.

*

TENORS : Sylva, Massart, Rodier, Lefèvre, Voulet, Guérin, Masson.

BARYTONS : Devoyod, Soulacroix.

BASSES : Gresse, Dauphin, Chappuis, Lonati.

CHANTEUSES : Fursch-Madier, Duvivier, Rebel, Devriès-Dereimes, Elly Warnots, Blanche Deschamps, Lonati, Guille (« R »; Corva « R »; Deroittes), Ismaël, Gros, Louise Maes, Léonie.

**

Ballet.

Danseurs : Poigny, Duchamp, Ph. Hanssen, Deridder.
Danseuses : Adelina Gedda, Bartholetti, Esselin, Francesca, Dewitte.

***

EN REPRESENTATION

Mmes Albani, Miolan-Carvalho.

Ouverture : 4 septembre 1879, L'Africaine.

Clôture : 3 mai 1880, La Flûte Enchantée, Charles VI (acte II).

****

LES CREATIONS DE LA SAISON

10 janvier 1880.

LA FLUTE ENCHANTEE
Opéra comique en 4 actes.
Version française
de Nuitter et Beaumont.
Musique de Mozart.

Mmes E. Warnots (Pamina), Devriès-Dereims (la reine de la Nuit), Lonati (Papageno), Rebel (première fée), Deschamps (deuxième fée), Duvivier (troisième fée).

MM. Rodier (Tamino), Soulacroix (Papageno), Gresse (Sarastro), Dauphin (Monostatos), Lonati (Manès), Lefèvre et Chappuis (deux prêtres d'Osis), Voulet et Boutens (deux hommes d'armes).

—●—

1er avril 1880.

LA BERNOISE
Opéra comique en 1 acte.
Paroles de Lucien Solvay.
Musique d'Emile Mathieu.

MM. Soulacroix (André), Dauphin (Richel), Chappuis.

Mme Lonati (Bertha, la Bernoise).

1880-1881

Directeurs : Stoumon et Calabrési.
Premier chef d'orchestre: Joseph Dupont.
Chef d'orchestre : Th. Warnots.
Régisseur général : Lapissida.
Régisseur : Masson.
Maître de ballet : O. Poigny.
Régisseur de ballet : Duchamp.

TENORS : Sylva, Massart, Rodier, Lefèvre, Voulet, Guérin, Masson.

BARYTONS : Devoyod, Soulacroix, Lonati.

BASSES : Gresse, Dauphin, Chappuis, Boutens.

CHANTEUSES : Fursch-Madier, Duvivier, Rebel, Blanche Deschamps, Bosman-Huyk, Lonati, Hervey, Ismaël, Louise Maes, Léonie.

**

Ballet.

Danseurs : Poigny, Duchamp, Ph. Hanssen, Deridder.

Danseuses : Adelina Gedda, Ricci-Poigny, Esselin, Valain.

***

EN REPRESENTATION

Mmes Baux, Bilbaut-Vauchelet, Marie Vachot, Albani.

M. Paravey.

Ouverture : 1 juillet 1880, Robert le Diable.

Clôture : 30 avril 1881, Quentin Durward.

****

CREATIONS DE LA SAISON

13 octobre 1880.

UNE NUIT DE NOEL

Ballet en 1 acte et 3 tableaux.

Scénario de Poigny.

Musique de Stoumon.

18 mars 1881.

LE CHANTEUR DE MEDINE

Opéra comique en 1 acte.

Paroles de De Longchamps.

Musique de François-Marie Demol.

MM. Lefèvre (Sélim), Chappuis (Hassan), Guérin (Aboulifar).

Mme Lonati (Zulma).

8 avril 1881.

LE CAPITAINE RAYMOND

Opéra comique en 3 actes.

Paroles de Coveliers.

Musique de Colyns.

MM. Rodier (capitaine Raymond), Soulacroix (le comte de Guitaut), Dauphin (César), Lefèvre (de Civrac).

Mme Blanche Deschamps (comtesse de Cambris), Lonati (princesse de Condé).

1881-1882

Directeurs : Stoumon et Calabrési.

Premier chef d'orchestre: Joseph Dupont.

Chef d'orchestre : Th. Warnots.

Régisseur général : Lapissida.

Régisseur : Léon Herbaut.

Maître de ballet : O. Poigny.

Régisseur de ballet : Duchamp.

*

TENORS : Vergnet, Massart, Rodier, Jouanne, Mansuède, Guérin.

BARYTONS : Manoury, Soulacroix, Fontaine.

BASSES : Gresse, Dauphin, Chappuis, Boutens.

CHANTEUSES : Duvivier, Rebel (« R »; Hamaekers), Calvé, Alice Rabany, De Monval, Blanche Deschamps, Bosman-Huyk, Lonati, Hervay, Ismaël, Angèle.

**

Ballet.

Danseurs : Poigny, Duchamp, Ph. Hanssen, Deridder.

Danseuses : Adelina Gedda, Ricci-Poigny, Elvira Gedda, Adèle André.

***

Ouverture : 3 septembre 1881, Les Huguenots.

Clôture : 2 mai 1882, Hérodiade (dirigé par Massenet).

6 mars 1882 : Mort de Wicart, ex-premier ténor de la Monnaie.

Subside communal . . . . fr.	100,000
Subside royal	100,000
Subside supplémentaire . . .	15,000
Loge de la Reine	4,000
Fr.	219,000

****

CREATIONS DE LA SAISON

19 décembre 1881.

HERODIADE

Opéra en 3 actes et 5 tableaux.

Paroles de Paul Milliet et Henri Grémont
Musique de Jules Massenet.
55 représentations.

MM. Vergnet (Jean), Manoury (Hérode), Gresse (Phanuel), Fontaine (Vitellius), Boutens (le grand prêtre), Mansuède (une voix).

Mmes Duvivier (Salomé), Deschamps (Hérodiade), Lonati (La Sulamite), Hervay (jeune babylonienne).

1882-1883

Directeurs : Stoumon et Calabrési.
Premier chef d'orchestre: Joseph Dupont.
Chef d'orchestre : Léon Jéhin.
Régisseur général : Lapissida.
Régisseur : Léon Herbaut.
Maître de ballet : O. Poigny.
Régisseur de ballet : Duchamp.

*

TENORS : Jourdain, Massart, Rodier, Delaquerrière, Mansuède, Guérin.

BARYTONS : Maurice Devriès, Soulacroix, Boussa.

BASSES : Gresse, Dauphin, Chappuis, Stalfort.

CHANTEUSES : Duvivier, Hamaekers, Blanche Deschamps, Calvé, Marie Maurel, Bosman, C. Begond, Angèle Legault, Lonati, D'Argent, Ismaël, Magari.

**

Ballet.

Danseurs : Poigny, Duchamp, Ph. Hanssen, Deridder.
Danseuses : Adelina Gedda, Ricci-Poigny, Elvira Gedda, Viola Giselle.

***

EN REPRESENTATION

Mlle Cécile Mezeray.

23-24-26-27 janvier 1883, « L'Anneau des Nibelungen » par le théâtre Wagner : MM. Ad. Walnofer, Em. Scaria, P. Ribert, G. Unger, J. Liebau, F. Pischeckl, R. Riberti, F. Krückl; Mmes Elise Lindemann, C. Oestberg, A. F. Materna, Krauss, Anna Slüsmer, G. Kellmig, R. Bleiter, Th. Milar, Bertha Hinrischen, Elise Tellé, Orlande Riegler, Augusta Ihle, Hermine Voigt, Berthine Hinrischen.

Ouverture : 3 septembre 1882, Robert le Diable.

Clôture : 2 mai 1883, Méphistophélès.

****

CREATIONS DE LA SAISON

26 octobre 1882.

LES SORRENTINES

Ballet en 1 acte.

Musique de Stoumon.

28 novembre 1882.

JEAN DE NIVELLES

Opéra comique en 3 actes.

Paroles de Gordinet et Philippe Gille.
Musique de Léo Delibes.

Mmes Bégond (Arlette, rôle repris immédiatement après par Cécile Mézeray), Deschamps (Simone), Calvé, Lonati.

MM. Rodier (Jean de Nivelles), Soulacroix (comte de Charolais), Guérin (le diplomate bouffon), Chappuis (le Bourguignon), Boussa.

19 janvier 1883.

MEPHISTOPHELES

Opéra en 5 actes et 9 tableaux.

Paroles et musique d'Arrigo Boïto.
Version française de Paul Milliet.

MM. Gresse (Méphistophélès), Jourdain (Faust), Delaquerrière (Wagner).

Mmes Duvivier (Marguerite), Deschamps (Marthe).

1883-1884

Directeurs : Stoumon et Calabrési.
Premier chef d'orchestre: Joseph Dupont.
Chef d'orchestre : Léon Jehin.
Régisseur général : Lapissida.
Régisseur : Léon Herbaut.
Maître de ballet : O. Poigny.
Régisseur de ballet : Duchamp.

*

TENORS: Jourdain, Massart, Rodier, Delaquerrière, Goeffoel, Mansuède, Guérin.

BARYTONS : Maurice Devriès, Soulacroix, Boussa, Renaud (11 octobre).

BASSES : Gresse, Lorrain (« R »; Durat), Chappuis, Stalfort, Schmidt.

CHANTEUSES : Griswold (« R »; Arnaud),Caron, Hamaekers, Blanche Deschamps, Angèle Legault, C. Bégond, Ismaël, Magari, Bosman.

**

Ballet.

Danseurs : Poigny, Duchamp, Louis François, Deridder.

Danseuses : Adelina Rossi (« R »; Scorlino), Ricci-Poigny, Lelia Rossi, Pastore.

***

EN REPRESENTATION

MM. Lassalle, Dauphin.
Mmes Albani, Hasselmans.

Décembre 1883 : Mort de Quélus, ex-directeur de la Monnaie.

Février 1884 : Mort de Vachot, ex-directeur de la Monnaie.

Ouverture : 2 septembre 1883 : Robert le Diable.

Clôture : 1er mai 1884, Sigurd, sous la direction d'Ernest Reyer.

****

CREATIONS DE LA SAISON

7 janvier 1884.

SIGURD

Opéra en 4 actes et 10 tableaux.

Paroles de Camille du Locle
et Alfred Blau.
Musique d'Ernest Reyer.
37 représentations.

MM. Jourdain (Sigurd), Devriès (Günther), Gresse (Hagen), Renaud (grand prêtre d'Odin), Boussa (Rudiger), Goeffoel (Irnfrit), Mansuède (Hamart), Stalfort (Ramunc).

Mmes Rose Caron (Brünehilde), Bosman (Hilda), Deschamps (Uta).

15 février 1884.

LE PANACHE BLANC

Opéra comique en 1 acte.

Paroles d'Albert Carré et Audebert.
Musique de Philippe Flon.

MM. Delaquerrière, Soulacroix, Chappuis, Guérin, Blondeau.

Mmes Legault, Bégond.

—●—

15 mars 1884.

MANON

Opéra en 5 actes et 6 tableaux.

Paroles de H. Meilhac et Philippe Gille.
Musique de Jules Massenet.

MM. Rodier (des Grieux), Schmidt (comte des Grieux), Soulacroix (Lescaut), Renaud (de Brétigny), Guérin (Guillot de Morfontaine), Chappuis (l'aubergiste).

Mmes Arnaud (Manon), Legault (Poussette), Bégond (Javotte), Margari (Rosette), Maes (la servante).

—●—

21 avril 1884.

LE POETE ET L'ETOILE

Ballet en 1 acte.

Scénario de Paul Berlier.
Musique de J. Steveniers.

1884-1885

Directeurs : Stoumon et Calabrési.

Inspecteur : Gevaert (jusque 1889).

Premier chef d'orchestre: Joseph Dupont.

Chef d'orchestre : Léon Jehin.

Régisseur général : Lapissida.

Régisseur : Léon Herbaut.

Maître de ballet : O. Poigny.

Régisseur de ballet : Duchamp.

*

TENORS : Jourdain, Verhees, Rodier, Delaquerrière, Voulet, Disy, Guérin.

BARYTONS : Seguin, Soulacroix, Renaud.

BASSES : Gresse, Durat, Schmidt, Frankin, Chappuis.

CHANTEUSES : Caron, Hamann, Blanche Deschamps, Potel (« R » maladie), Bosman, Béringier (« R »; Vaillant-Couturier), Angèle Legault, Verheyden, Ismaël, Foulon.

**

Ballet.

Danseurs : Poigny, Duchamp, Ph. Hanssen, Deridder.

Danseuses : Fioretta-Brambilla (« R »; Lamy), Ricci-Poigny, Magliani, Pastore.

3 septembre 1884 : Le téléphone relie le théâtre au palais de Laeken et au Châlet Royal d'Ostende.

***

EN REPRESENTATION

Mme Albani.

Ouverture : 3 septembre 1884, Les Huguenots.

Clôture : 2 mai 1885, Faust.

****

CREATIONS DE LA SAISON

15 décembre 1884.

LE TRESOR

Opéra comique en 1 acte.

Paroles de François Coppée.
Musique de Charles Lefèbvre.

MM. Delaquerrière (l'abbé), Soulacroix (le duc Jean).

Mme Legault (Véronique).

—●—

7 février 1885.

JOLI GILLES

Opéra comique en 2 actes.

Paroles de Charles Monselet.
Musique de Ferdinand Poise.

MM. Soulacroix (Gilles), Delaquerrière (Léandre), Guérin (Trivelin), Chappuis (Pantalon), Schmidt (Pasquello).

Mmes Legault (Violette), Verheyden (Sylvia), Ismaël (Mme Pantalon).

7 mars 1885.

LES MAITRES CHANTEURS DE NUREMBERG

Opéra en 3 actes et 4 tableaux.

Version française de Victor Wilder.
Musique de Richard Wagner.

Mmes Caron (Eva), Blanche Deschamps (Madeleine).

MM. Jourdain (Wolter de Stoltzing), Seguin (Hans Sachs), Delaquerrière (David), Soulacroix (Beckmesser), Durat (Pogner), Renaud (Kothner).

27 mars 1885.

LA TZIGANE

Ballet inédit en 1 acte.

Scénario d'E. Cattier.
Musique de Stoumon.

20 avril 1885.

SCENE D' « HORACE »

de Corneille.
Musique de Saint-Saëns.

Mme Caron.
M. Seguin.

1885-1886

Directeur : Verdhurt (n'a pas reçu les 15,000 francs supplémentaires de 1880-1881).
Régisseur général : Lapissida.
Régisseurs : Herbaut, Perrot.
Chef des chœurs : Flon.
Premier chef d'orchestre: Joseph Dupont.
Chefs d'orchestre : L. Jehin, Ph. Flon.
Maître de ballet : J. Hanssen.
Régisseur de ballet : F. Duchamp.

*

TENORS : Devilliers, Gallois, Engel, De reims, Nerval, Furst, Gandubert, Idrac. Franz Stappen, Seuille.

BARYTONS : Bérardi, Frédéric Boyer, Renaud.

BASSES : Dubulle, Herman Devriès, Chappuis, Frankin, Seguier.

CHANTEUSES : Montalba, Clario, Fierens, Cécile Mézeray, Thuringer, Wolf, Barria, Lecomte, Jane Huré, Passama, Caroline Barbot.

Ballet.

Danseurs : Saracco, F. Duchamp, Ph. Hanssen, Deridder.

Danseuses : Adelina Rossi, Gabrielle Esselin, Térésa Magliani, Angiolina Bertoglio.

***

EN REPRESENTATION

MM. Villaret, Lassalle, Escalaïs.
Mme Rose Caron.

Ouverture : 3 septembre 1885, L'Africaine.

Clôture : 2 mai 1886, Les Templiers.

13 décembre 1885 : Le Trouvère. On rembourse les trente spectateurs.

Avril-mai : Les artistes en société, sous la gestion de Lapissida.

****

CREATIONS DE LA SAISON

25 janvier 1886.

LES TEMPLIERS

Opéra en 5 actes et 7 tableaux.

Paroles de Jules Adenis, Armand Silvestre et Lionel Bonnemère. Musique de Henry Litolff.

MM. Engel (René de Marigny), Bérardi (Jacques de Molay), Dubulle (Philippe-le-Bel), Renaud (Enguerrand de Marigny), Gandubert (Châtillon), Nolly (Lord Mortimer), Séguier (le crieur), Frankin (le légat), Seuille (un héraut).

Mmes Montalba (Isabelle), Maes (Marie), Esselin (un page).

2 mars 1886.

SAINT-MEGRIN

Opéra en 4 actes et 5 tableaux.

Paroles de E. Dubreuil et Eug. Adenis. Musique de Hillemacher frères.

MM. Furst (Saint Mégrin), Boyer (duc de Joyeuse), Nerval (Henri III), Renaud (duc de Guise), Gandubert (duc d'Epernon), Devriès (comte Ruggieri), Frankin (seigneur de Bussy), Séguier (seigneur de Saint Luc), Vérin (Saint Paul).

Mmes Cécile Mézeray (Catherine), Wolf (Robert), Barbot (Madame de Cossé), Bolle (Marie), Zoé (un page).

18 mars 1886.

PIERROT MACABRE

Ballet fantastique en 2 tableaux.

Scénario de Théodore Hannon. Musique de Pietro Lanciani.

10 avril 1886.

GWENDOLINE

Opéra en 2 actes.

Paroles de Catulle Mendès. Musique d'Emmanuel Chabrier.

Mme Thuringer (Gwendoline).

MM. Bérardi (Harald), Engel (le vieil Armel), Frankin (Trick), Seuille (Oella).

1886-1887

Directeurs : Joseph Dupont et Lapissida.
Directeur de la musique : Joseph Dupont.
Premier chef d'orchestre : L. Jehin.
Chef d'orchestre : Ph. Flon.
Directeur de la scène : Lapissida.
Régisseur général : Falchieri.
Régisseur : Léon Herbaut.
Maître de ballet : Saracco (après départ Sylva malade).
Régisseur de ballet : Duchamp.

*

TENORS : Sylva, De Keghel, Engel, Berroney (ne paraît pas), Gandubert, Cossira, Larbaudière, Nerval, Durand.

BARYTONS : Séguin, Giraud (« R »; Corpait « R »), Renaud.

BASSES : Bourgeois, Isnardon, Chappuis, Frankin, Seguier.

CHANTEUSES : Litvinne, Marie Villaume, Martini, Balensi, Thuringer, Wolf, Angèle Legault, Gayet, Gandubert.

**

Ballet.

Danseurs : Saracco, Duchamp, Desmet, Deridder.

Danseuses : Cleope Lavezzari, Consuelo de Labruyère, Térésa Magliani, Emilia Righettini, Enrichetta Righettini.

***

EN REPRESENTATION

MM. Massart, Verhees, Dubulle, Hourdin, Lamarche, Escalaïs, David.

Mmes Hasselmans, Castagné, Rémy, Caron, Marcelle Sembrich, Chassériaux, Van Besten.

Installation du nouvel orgue (maison Schyven et C°) : 20 jeux, 2 claviers, 1 pédale séparée.

Ouverture : 4 septembre 1886, Robert le Diable.

Clôture : 4 mai 1887, La Walkyrie.

****

CREATIONS DE LA SAISON

29 novembre 1886.

LAKME

Opéra comique en 3 actes.

Paroles de Edmond Gondinet et Philippe Gille.
Musique de Léo Delibes.

MM. Engel (Gérald), Renaud (Nilakantha), Isnardon (Frédéric), Gandubert (Hadji), Durand (un domben), Fleurix (un marchand), Séguier (un kouravar).

Mmes Villaume (Lakmé), Castagné (Mallika), Legault (miss Ellen), Gandubert (miss Rose), Gayet (mistress Bentson).

—●—

11 décembre 1886.

MYOSOTIS

Ballet en 1 acte.

Scénario de Saracco.
Musique de Philippe Flon.

—●—

19 janvier 1887.

L'AMOUR MEDECIN

Opéra comique en 3 actes,
d'après Molière.

Paroles de Charles Monselet.
Musique de Ferdinand Poise.

MM. Gandubert (Clitandre), Renaud (Sganarelle), Larbaudière, Nerval, Chappuis, Frankin, Blondeau, Séguier, Krier.

Mmes Legault (Lisette), Gandubert (Lucinde).

—●—

28 janvier 1887.

LES CONTES D'HOFFMANN

Opéra comique en 4 actes et 5 tableaux.

Paroles de Jules Barbier et Michel Carré.
Musique de Jacques Offenbach.

MM. Engel (Hoffmann), Isnardon (Coppélius, Daperdutto, Miracle), Renaud (Schlemil), Chappuis (Spallanzani), Nerval (Cochenille, Ptichinacchio, Frantz), Frankin (Crespel), Séguier (Hermann), Larbaudière (Nathanaël), Vanderlinden (Luther).

Mmes Villaume (Olympia, Giulietta, Antonia), Legault (Nicklause), Wolf (un fantôme).

—●—

9 mars 1887.

LA WALKYRIE

Drame lyrique en 3 actes.

Version française de Victor Wilder.
Musique de Richard Wagner.
23 représentations.

MM. Engel (Siegmund), Seguin (Wotan), Bourgeois (Hunding).

Mmes Martini (Sieglinde), Litvinne (Brunehilde), Balensi (Fricka), Legault, Thuringer, Wolf et cinq élèves du Conservatoire : Mlles Pauer, Hellen, Van Besten, Coomans, Baudelet.

—●—

22 mars 1887.

LE LION AMOUREUX

Ballet en 1 acte, avec chœurs et soli.

Scénario de Paul Cosseret et Agoust.
Musique de Félix Pardon.

M. Larbaudière.
Mme Gandubert.

1887-1888

Directeur : Dupont et Lapissida.
Directeur de l'orchestre : Joseph Dupont.
Premier chef d'orchestre : Léon Jéhin.
Chef d'orchestre : Ph. Flon.
Régisseur général : Falchieri (« R »; Nerval).
Régisseur : Léon Herbaut.
Maître de ballet : Saracco.
Régisseur de ballet : Duchamp.

*

TENORS : Tournié (« R »; Duzas); Engel, Mauras, Gandubert, Boon, Nerval, Seuille.

BARYTONS : Séguin, Renaud, Rouyer.
BASSES : Vinche, Isnardon, Chappuis, Frankin, Pother.

CHANTEUSES : Caron, Melba, Landouzy, Litvinne, Martini, Léria (« R »; Morel), Haussmann (« R »; Devigne), Van Besten, Angèle Legault, Walter, Gandubert.

Engagées au cours de la saison : Mmes Louise Maes, Passemoore, Falize.

**

Ballet.

Danseurs : Saracco, Duchamp, Desmet, Deridder.

Danseuses : Sarcy (« R » fin saison par A. Rossi), Térésa Magliani, Emilia Righettini, Enrichetta Righettini.

***

EN REPRESENTATION

MM. Gluck, Prévost, Delaquerrière.
Mme Blanche Deschamps.

Ouverture : 10 septembre 1887, Les Huguenots.
Clôture : 9 mai 1888, Hamlet.

LES CREATIONS DE LA SAISON

25 novembre 1887.

LES PECHEURS DE PERLES

Opéra en 4 actes.

Paroles de Cormon et Michel Carré.
Musique de Bizet.

MM. Mauras (Nadir), Renaud (Zurga), Frankin (Nourabad).
Mme Landouzy (Lélia).

28 décembre 1887.

GIOCONDA

Drame lyrique en 4 actes et 5 tableaux.

Version française
de T. Gorris et P. Solanges.
Musique de Ponchielli.

MM. Engel (Enzo Grimaldo), Seguin (Barnaba), Vinche (Alvise Badoër), Seuille (Iseppo), Pother (Suane).
Mmes Litvinne (Gioconda), Martini (Laura Adorno), Van Besten (la Cecca).

2 février 1888.

SYLVIA

Ballet en 2 actes et 3 tableaux.

Scénario de Merante et Jules Barbier.
Musique de Léo Delibes.

25 février 1888.

JOCELYN

Opéra en 4 actes et 8 tableaux.

Paroles d'Armand Sylvestre et Capoul.
Musique de Benjamin Godard.

MM. Engel (Jocelyn), Seguin (l'évêque), Isnardon (le père de Laurence), Vinche (le vieux pâtre), Frankin (un écolier), Rouyer (l'époux de Julie, un muscadin), Gandubert (un muscadin).
Mmes Caron (Laurence), Van Besten (la mère de Jocelyn), Storrel (Julie), Legault (un montagnard), Falize (une jeune fille).

6 mars 1888.

LE DINER DE MADELON
Opéra comique en 1 acte.
Paroles de Désaugiers.
Musique de Lefèbvre.

MM. Isnardon (Benoît), Nerval (Vincent), Pother (un caporal), Krier (un commissionnaire).
Mme Angèle Legault (Madelon).

22 mars 1888.

UNE AVENTURE D'ARLEQUIN
Opéra comique en 2 tableaux.
Paroles de Judicis.
Musique de Hillemacher frères.

MM. Isnardon (Arlequin), Boon (Léandre), Rouyer (Scaramouche), Nerval (le commissaire).
Mmes Gandubert (Isabelle), Legault (Colombine), Walter (Mme Scaramouche).

9 avril 1888.

LE ROI L'A DIT
Opéra comique en 3 actes.
Paroles d'Edmond Gondinet.
Musique de Léo Delibes.

MM. Gandubert (Benoît), Renaud (marquis de Moncontour), Isnardon (Miton), Rouyer (Merlussac), Chappuis (Gautru), Nerval (Pacôme).
Mmes Landouzy (Javotte), Walter (marquise de Moncontour), Legault (marquis de Flarainbel), Devigne (marquis de la Bluette), Gandubert, Falize, Passemoore et Maes (demoiselles d'honneur).

1888-1889

Directeurs : Dupont et Lapissida.
Directeur de la musique : Joseph Dupont.
Chefs d'orchestre : Jehin, Ph. Flon.
Directeur de la scène : Lapissida.
Régisseurs : Nerval, Léon Herbaut.
Maître de ballet : Saracco.

*

TENORS : Engel, Chevallier, Mauras, Gandubert, Nerval, Boon.
BARYTONS : Seguin, Renaud, Rouyer.
BASSES : Vinche, Gardoni, Isnardon, Chappuis, Pother.
CHANTEUSES : Caron et Melba (en représentation), Landouzy, Cagniart, Rocher, Ruelle (« R »; Pelosse), Angèle Legault, Gandubert, Walter, L. Maes.

**

Ballet.

Danseurs : Saracco, Duchamp, Desmet, Deridder.
Danseuses : Sarcy, Térésa Magliani, Zulia Longhi, Galvani, Zuccoli.

***

EN REPRESENTATION

MM. Talazac, Duzas, Frédéric Boyer.
Mmes Materna, Deschamps, Durand-Ulbach.
Ouverture : 5 septembre 1888, Sigurd.
Clôture : 3 mai 1889, Le Bouffe et le Tailleur, Guillaume Tell (acte IV, tableau I); Philémon et Baucis (acte II), Richilde (tableau VIII), Le Roi d'Ys acte III); Faunes et Bergères (ballet).
Subvention communale : 90,000 francs (plus 25,000 francs réfection matériel).
Subvention royale : 100,000 francs.
Abonnement courant :
La plus petite recette : Le Caïd, Sylvia (788 francs).
La plus forte recette : Lohengrin (4,595 fr. 50).

****

LES CREATIONS DE LA SAISON

19 décembre 1888.

RICHILDE
Tragédie lyrique
en 4 actes et 10 tableaux.
Paroles et musique d'Emile Mathieu.
(21 représentations.)

Mmes Caron (Richilde), Cagniart (Odile), Falize (Arnold), Lecion (Baudouin).

MM. Engel (Osbern), Renaud (Robert le Frison), Gardoni (Albert de Béthune), Gandubert (Wedric), Rouyer (Malgy), Pother (un magistrat).

Ballet : Mlles Sarcy (la reine des bohémiennes), Magliani (une bergère), E. Saracco (un oiseleur), Robino (un jongleur), Zuccoli (un jongleur); MM. Duchamps (un bohémien), Desmet (un bohémien).

18 janvier 1889.

NADIA

Opéra comique en 1 acte.

Paroles de Paul Milliet.

Musique de Jules Bordier.

(3 représentations.)

MM. Gandubert (Yvan), Rouyer (Bilbassof).

Mes Gandubert (Nadia), Legault (Marfa), Walter (Prascovia).

22 janvier 1889.

SAINT FRANÇOIS

Oratorio en trois parties.

Poème de L. De Koninck.

Traduction française de Mme Emma Tinel.

Musique d'Edgard Tinel.

(4 exécutions.)

MM. Engel (François), Gandubert (le génie de la paix, le génie de la victoire), Renaud (l'hôte, le génie de la guerre), Gardoni (un veilleur de nuit, le génie de la haine).

Mme Melba (une voix du ciel, le génie de l'espérance, le génie de l'amour).

7 février 1889.

LE ROI D'YS

Opéra comique en 3 actes et 5 tableaux.

Paroles d'Edouard Blau.

Musique d'Edouard Lalo.

(17 représentations.)

MM. Talazac (Mylio), Renaud (Karnac), Gardoni (le roi), Rouyer (Saint Corentin), Boon (Jahel).

Mmes Durand-Ulbach (Margared), Landouzy (Rozenn).

11 mars 1889.

FIDELIO

Opéra en 3 actes et 4 tableaux.

Traduction française d'Antheunis.

Musique de Beethoven.

Récitatifs de Gevaert.

(11 représentations.)

MM. Chevallier (Florestan), Seguin (Pizarre), Gardoni (Rocco), Gandubert (Jacquino), Renaud (le ministre).

Mmes Caron (Léonore), Falize (Marceline).

3 novembre 1888.

MILENKA

Ballet en 2 tableaux.

Scénario de P. Berlier.

Musique de Jan Blockx.

(21 représentations.)

Mlles Sarcy (Milenka), E. Saracco (Wilhem), Robino (Gilda), Zuccoli (un modèle).

MM. G. Saracco (Zabari), F. Duchamps (Biesenkraft).

26 avril 1889 : mort de Mauras, ex-ténor de la Monnaie.

1889-1890

Directeurs : Stoumon et Calabrési.
Premiers chefs d'orchestre : Franz Servais, Edouard Barwolf.
Chef d'orchestre : Ph. Flon.
Régisseur général : Gravier.
Régisseurs : Nerval, Léon Herbaut.
Maître de ballet : Lafont.

*

TENORS: Sellier, Bernard (résilié), Ibos, Delmas, Isouard, Gogny, Nerval.

BARYTONS : Bouvet, Renaud, Badiali, Peeters.

BASSES : Bourgeois, Sentein, Challet, Chappuis.

CANTATRICES : Caron (en représentation), Merguillier, Fierens-Peeters, Samé, Carrère, De Nuovina, Durant-Ulbach, Doleska (résiliée), Marcy, Falize, Neyt, Wolf, Walter.

**

Ballet.

Danseurs : Lafont, Duchamps, Hansen, Desmet.

Danseuses : Sarcy, Cannès, Pastore, Dierickx.

***

EN REPRESENTATION

MM. Bertin, Herbert, Duc, Vergnet, Fabre.

Mmes Caron, Richard.

Ouverture : 5 septembre 1889, Le Pardon de Ploërmel.

Clôture : 4 mai 1890, Salammbô, Si j'étais roi! (un acte).

****

LES CREATIONS DE LA SAISON

27 novembre 1889.

ESCLARMONDE

Opéra romanesque en 4 actes et 8 tableaux.
Paroles d'Alfred Blau et de Louis de Gramont.
Musique de Massenet.
21 représentations.

MM. Ibos (chevalier Roland), Sentein, (l'empereur Phorcas), Bouvet (l'évêque de Blois), Isouard (Enéas), Challet (Cléomir), Cogny (un envoyé sarrazin), Debardy (un héraut byzantin).

Mmes de Nuovina (Esclarmonde), Durand-Ulbach (Parseis).

—•—

13 décembre 1889.

LA MEUNIERE DE MARLY

Opéra comique en 1 acte.
Paroles de Mélesville.
Musique de Maurice Lefèbvre.
4 représentations.

Mmes Falize, Neyt.

MM. Badiali, Nerval.

—•—

10 février 1890.

SALAMMBO

Opéra en 5 actes et 7 tableaux.
Paroles de Camille Du Locle.
Musique de Ernet Reyer.
32 représentations.

MM. Sellier (Mâtho), Vergnet (Shahabarim), Sentein (Narr' Havas), Peeters (Giscon), Renaud (Hamilcar), Bouvet (Spendius), Challet (Autharite), Gogny (le grand prêtre de Khamon), Simonis (le grand prêtre de Melkarth), De Bardy (le grand prêtre d'Eschmoun), Vanderlinden (le grand prêtre de Moloch).

Mmes Rose Caron (Salammbô), Anna Wolf (Taanach).

1890-1891

Directeurs : Stoumon et Calabrési.
Premiers chefs d'orchestre : Franz Servais, Barwolf.
Deuxième chef d'orchestre : Léon Dubois.
Régisseur général : Gravier.
Régisseur : Léon Herbaut.
Maître de ballet : Lafont.

*

TENORS : Lafarge, Dupeyron, Delmas, Isouard, Fromant, Stéphane, Gillon.

BARYTONS : Bouvet, Badiali, Vallier, Bénard.

BASSES : Verin, Dinard, Sentein, Challet, Chappuis, De Mayer.

CANTATRICES : de Nuovina, Sybill Sanderson, Eva Dufrane, Nardi, Carrère, Paulain-Archaimbaud, Langlois, Wolf, Walter, Maurelly, Neyt.

**

Ballet.

Danseuses : Teresita Riccio, Rotteri, Louisan.

Danseurs : Lafont, Duchamps, Hansen, Desmet.

***

EN REPRESENTATION

MM. Seguin, Fabre.

Mme Richard.

Ouverture : 4 septembre 1890, Faust.

Clôture : 10 mai 1891, Les Huguenots (acte I), Mignon (tableau II), Don Juan (tableaux III et IV), Mireille (Val d'Enfer et Rhône), Faust (acte III).

7 avril 1891 : Gala de la Presse : Le Barbier de Séville, avec Mme Landouzy, MM. Soulacroix, Delaquerrière, Fugère, Lorrain (recette 15,800 fr.).

13 août 1891 : Installation du rideau de fer, par M. Deluyck et la société « La Métallurgique » (coût 45,000 fr.).

****

LES CREATIONS DE LA SAISON

4 décembre 1890.

LA BASOCHE

Opéra comique en 3 actes.

Paroles de Albert Carré.
Musique de André Messager.

MM. Badiali (Clément Marot), Chappuis (le duc de Longueville), Froment (Guillot), Isouard (Léveillé), Bénard (Louis XII), Challet (Roland).

Mmes Nardi (Colette), Carrère (Marie d'Angleterre).

---

12 janvier 1891.

SIEGFRIED

Drame musical en 3 actes.

Paroles et musique de Richard Wagner.

MM. Lafarge (Siegfried), Bouvet (Wotan), Isouard (Mime), Badiali (Albéric), Verin (Fafner).

Mmes Langlois (Brunehilde), Morelli (Erda), Carrère (l'oiseau de la forêt).

---

14 février 1891.

FLEUR DES NEIGES

Ballet en 1 acte.

Scénario de Ricard.
Musique de Albert Cahen.

1891-1892

Directeurs : Stoumon et Calabrési.
Premiers chefs d'orchestre : Barwolf, Flon.
Deuxième chef d'orchestre : Léon Dubois.
Régisseur général : Gravier.
Régisseur : Léon Herbaut.
Maître de ballet : Lafont.

*

TENORS : E. Lafarge, Dupeyron, Leprestre, Isouard, Stephane, Barbary-Gillon.

BARYTONS : Seguin, Mondaud, Badiali, Beral.

BASSES : Ramat, Sentein, Dinard, Danlée, Gilibert, Deltombe.

CANTATRICES : de Nuovina, Smith-Blauvelt (résiliée), De Béridèz, Chrétien, D'Exter (pas débuté), Darcelle, Carrère, Savine, Elisa Corroy, Wolf, Walter, Dalmont.

**

Ballet.

Danseuses : Teresita Riccio, Stramezzi, Louisan, Dierickx.
Danseurs : Lafont, Duchamps, Hansen, Desmet.

***

EN REPRESENTATION

Mmes Melba, Guy.
M. Massart.

Ouverture : 5 septembre 1891, Roméo et Juliette.

Clôture : 4 mai 1892, Faust.

****

LES CREATIONS DE LA SAISON

12 novembre 1891.

LE REVE
Drame lyrique en 4 actes.
Paroles de Louis Gallet.
Musique de Alfred Bruneau.
21 représentations.

MM. Leprestre (Félicien), Seguin (Jean d'Hautecœur), Dinard (Hubert).

Mmes Chrétien (Angélique), de Béridèz (Hubertine).

---

13 novembre 1891.

SMYLIS
Ballet en 1 acte.
Scénario de Théodore Hannon.
Musique de Léon Dubois.
14 représentations.

---

8 décembre 1891.

BARBERINE
Opéra comique en 3 actes.
Paroles de Collin et Lavallée.
Musique de A. de Saint-Quentin.
3 représentations.

MM. Isouard (Ulrich), Gilibert, (Wladislas).

Mmes Darcelle (Barberine), Savine (Rosenberg), Wolf (la reine), Dalmont (Karekeri).

---

25 février 1892.

CAVALLERIA RUSTICANA
Opéra en 1 acte et 2 tableaux.
Paroles de Giovanni Verga.
Musique de Pietro Mascagni.
14 représentations.

MM. Dupeyron (Turridu), Seguin (Alfio).

Mmes de Nuovina (Santuzza), Wolf (Lucia), de Béridèz (Lola).

---

16 avril 1892.

GYPTIS
Opéra en 2 actes.
Musique de Noël Desjoyeaux.
Paroles de Maurice Boniface et Edouard Bodin
3 représentations.

MM. Badiali (Gaël), Leprestre (Euxénos), Dinard.

Mlle Guy (Gyptis).

1892-1893

Directeurs : Stoumon et Calabrési.
Premier chef d'orchestre : P. Flon.
Chef d'orchestre : Edouard Roger.
Régisseur général : Gravier.
Régisseur : Léon Herbaut.
Maître de ballet : Lafont.

*

TENORS : Muratet, Massart, Chatillon (pas débuté), Leprestre, Isouard, Saint-Maurice, Martel, Fleury, Barbary.

BARYTONS : Seguin, Huguet, Ghasne.

BASSES : Dinard, Lequien, Gilibert, Danlée, Deschamps.

CANTATRICES : Chrétien, Armand, Saville, Nardi, Lejeune, Blanche Margerie, Darcelle, Archaimbaud, Wolf, Scaïla, Frandaz, Van Hoof, Walter.

**

Ballet.

Danseurs : Lafont, Duchamps, Desmet, Steenbruggen.

Danseuses : Térésita Riccio, Norina Danieli, Cerato Viola, Vanda, Dierickx.

***

EN REPRESENTATION

M. Duc.

Ouverture : 5 septembre 1892. Aïda.

Clôture : 4 mai 1893, Le Prophète (acte III), Mignon (acte II), Les Huguenots (acte III), Maître Martin (acte IV), Lohengrin (acte II).

****

LES CREATIONS DE LA SAISON.

30 novembre 1892.

MAITRE MARTIN
Opéra en 4 actes.
Paroles d'Eugène Landoy.
Musique de Jan Blockx.
9 représentations.

MM. Gilibert (Maître Martin), Leprestre (Frédéric), Ghasne (Rheinold), Isouard (baron Conrad), Barbary (Muller).

Mmes Lejeune (Rosa), Archaimbaud (Anna), Walter (la servante).

---

27 décembre 1892.

YOLANDE
Drame lyrique en 1 acte,
d'Albéric Magnard.
2 représentations.

M. Seguin (Roland le Hardi), Danlée (le chapelain), Fleury (homme d'armes), Maas, Deschamps, Vanderlinden (domestiques).

Mmes Chrétien (Yolande), Wolf (Jeanne).

---

24 janvier 1893.

WERTHER
Drame lyrique en 3 actes et 4 tableaux.
Paroles de Blau, Milliet, Hartmann.
Musique de Jules Massenet.
20 représentations.

MM. Leprestre (Werther), Gilibert (le bailli), Ghasne (Albert), Barbary (Schmidt), Danlée (Johann), Fontaine (Brühlmann).

Mmes Chrétien (Charlotte), Archaimbaud (Sophie), Van Hoof (Kätchen).

1893-1894

Directeurs : Stoumon et Calabrési.
Premier chef d'orchestre : P. Flon.
Deuxième chef d'orchestre : Lanciani (résiliation amicale), Léon Dubois.
Régisseur général : Gravier.
Deuxième régisseur : Léon Herbaut.
Maître de ballet : Lafont.

*

TENORS : Cossira, Massart, Leprestre, Isouard, Rochet, Gillon, Barbary.

BARYTONS : Seguin, Rey, Ghasne.

BASSES : Dinard, Lequien, Gilibert, Danlée, Deschamps.

CANTATRICES : Armand, Tanesy, de Nuovina, Jeanne Horwitz, de Nocé, Lejeune, Hendrickx, Wolf, De Lega (De Haene), Paulin (Archaimbaud), Legenisel.

**

Ballet.

Danseurs : Lafont, Artiglio Lorenzo, Desmet, Engel.

Danseuses : Teresita Riccio, Elise Rivolta, Lalane, Jeanne Dierickx, Zumpichelli.

***

EN REPRESENTATION

Mmes De Basta, Simonet, Emma Cossira.
M. Ernest Van Dyck.

Ouverture : 5 septembre 1893, Les Huguenots.

Clôture : 4 mai 1894, Mireille (acte I), Faust (acte II), Orphée (acte IV, tableau I), Les Huguenots (acte IV), Jérusalem (acte IV), L'Attaque du Moulin (acte II).

****

LES CREATIONS DE LA SAISON.

14 novembre 1893.

FARFALLA
Ballet en 1 acte.
Scénario de Saint-Georges.
Musique d'Oscar Stoumon (père).
19 représentations.

—•—

27 janvier 1894.

L'ATTAQUE DU MOULIN
Drame lyrique en quatre actes.
Paroles de Louis Gallet.
Musique d'Alfred Bruneau.
23 représentations.

MM. Leprestre (Dominique), Seguin Merlier), Lequien (le tambour), Isouard (la sentinelle), Ghasne (le capitaine ennemi).

Mmes de Nuovina (Françoise), Armand (Marceline), Hendrickx.

—•—

21 mars 1894.

TRISTAN ET ISEULT
Drame lyrique en 3 actes.
Paroles et musique de Richard Wagner.
13 représentations.

MM. Cossira (Tristan), Seguin (Kourvenal), Lequien (le roi Marke), Danlée (Melot), Isouard (le berger et le matelot), Maas (le pilote).

Mmes Tanésy (Iseult), Wolf (Brangaine).

1894-1895

Directeurs : Stoumon et Calabrési.
Premier chef d'orchestre : P. Flon.
Deuxième chef d'orchestre : Léon Dubois.
Régisseur général : Gravier.
Régisseur : Léon Herbaut.
Maître de ballet : Lafont.

*

TENORS : Cossira, Camille Casset, Bonnard, Isouard, Depère, Guignot, Gillon.

BARYTONS : Seguin, Beyle, Ghasne.

BASSES : Dinard, Sentein, Journet, Gilibert, Danlée, Maas.

CANTATRICES : Tanésy, Simonet, Armand, Cossira, Merey, Lejeune, Belina, Milcamps (à partir de février), Girard, de Roskilde, Hendrickx, Bolle, Legenisel.

**

Ballet.

Danseurs : Lafont, Artiglio Lorenzo, Desmet, Steenebruggen.

Danseuses : Teresita Riccio, Adrienne Charensonney, Lalanne, Jeanne Dierickx, Zumpichelli.

***

EN REPRESENTATION

Mmes Marie Bréma, Julie De Cré, Héglon.
M. Depoitier.

Ouverture : 3 septembre 1894, Faust.

Clôture : 2 mai 1895, Mireille (acte I), Mignon (acte II), Manon (tableau IV), La Navarraise.

Juillet 1895 : balcons, encadrement de la scène, corniche de la coupole lavés et redorés à l'or fin par J. Tasson.

****

LES CREATIONS DE LA SAISON

25 octobre 1894.

SAMSON ET DALILA
Opéra en 3 actes et 4 tableaux.
Paroles de Ferdinand Lemaire.
Musique de Saint-Saëns.

MM. Cossira (Samson), Beyle (le grand prêtre de Dagon), Journet (Abimélech).

Mme Armand (Dalila).

—•—

22 novembre 1894.

LE PORTRAIT DE MANON
Opéra comique en 1 acte.
Paroles de Georges Boyer.
Musique de Jules Massenet.

MM. Gilibert (Des Grieux), Depere (Tiberge).

Mlle de Roskilde (vicomte Jean de Mortcerf), Lejeune (Aurore).

—•—

26 novembre 1894.

LA NAVARRAISE
Episode lyrique en 2 actes.
Paroles de Jules Claretie et Henri Caïn.
Musique de Jules Massenet.

Mlle Georgette Leblanc (Anita).

MM. Bonnard (Araquil), Seguin (général Garrido), Isouard (Ramon), Journet (Remigio), Gilibert (Bustamente).

—•—

16 janvier 1895.

L'ENFANCE DE ROLAND
Opéra en 4 actes.
Musique d'Emile Mathieu.

MM. Seguin (le roi Karl), Casset (Sigmar), Journet, Danlée, Guignot, Depère.

Mmes Emma Cossira (dame Berthe), Lejeune (Imma), Bellina (Roland), de Roskilde.

—•—

13 février 1895.

PAILLASSE
Opéra en 2 actes.

Paroles et musique de Léoncavallo.

MM. Seguin (Tonio), Bonnard (Canio), Isouard (Beppe), Ghasne (Silvio).

Mlle Simonet (Nedda).

1895-1896

Directeurs : Stoumon et Calabrési.
Premier chef d'orchestre : P. Flon.
Deuxième chef d'orchestre : Léon Dubois.
Régisseur général : Pierre Baudu.
Régisseur : Léon Herbaut.
Maître de ballet : Lafont.

*

TENORS : Gibert, Casset, Bonnard, Isouard, Gauthier, Caisso, Disy, Gillon.

BARYTONS : Seguin, Frédéric Boyer, Cadio, Gilibert.

BASSES : Dinard, Seintein, Journet, Danlée, Declynsen.

CANTATRICES : Landouzy, Armand, Leblanc, Pacary, Jeanne Raunay, Foedor, Mérey, Mastio, Korsoff, Milcamps, Hendrikx, Legenisel.

**

Ballet.

Danseurs : Lafont, Artiglio Lorenzo, Desmet, Steenebruggen.
Danseuses : Térésita Riccio, Antoinette Porro, Jeanne Dierickx, Zumpichell.

EN REPRESENTATION

Mmes Caron, Van Zandt.
M. Ernest Van Dyck.

Ouverture : 5 septembre 1895. L'Africaine.
Clôture : 4 mai 1896, Mireille (acte I), Le Maître de Chapelle, La Fille du Régiment (acte II), Orphée (tableau IV), Manon (tableau Saint-Sulpice), La Navarraise.
5 mai 1896 (en supplément Tannhäuser, avec Ernest Van Dyck).

****

LES CREATIONS DE LA SAISON.

28 décembre 1895.

EVANGELINE
Légende acadienne.
Drame lyrique en 4 actes et 6 tableaux, avec prologue et épilogue.
Paroles de Louis de Grammont, Georges Hartmann et André Alexandre.
Musique de Xavier Leroux.
Mmes Mérey (Evangeline), Armand (Dahra), Milcamps (un pâtre).
MM. Bonnard (Gabriel), Gilibert (Basile), Cadio (Benedict), Journet (un officier anglais).

—•—

14 janvier 1896.

JEAN MARIE
Drame lyrique en 1 acte.
Paroles de Mortier, d'après Jean Theuriet.
Musique de Ragghianti, achevée par Gilson.
M. Isouard (Jean-Marie), Cadio (Joël).
Mlle Mastio (Thérèse).

—•—

7 mars 1896.

THAIS
Comédie lyrique en 3 actes et 7 tableaux.
Paroles de Louis Gallet.
Musique de Jules Massenet.
Mmes Georgette Leblanc (Thaïs), Armand (mère Albine), Milcamps (Crobyle), Hendrikx (Myrtale).
MM. Seguin (Athanaël), Isouard (Nicias), Journet (Palémon).

—•—

21 mars 1896.

LA VIVANDIERE
Opéra comique en 3 actes.
Paroles d'Henri Cain.
Musique de Benjamin Godard.
Mmes Armand (la Vivandière), Mastio (Jeanne).
MM. Bonnard (Georges), Gilibert (le sergent La Balafre), Cadio (capitaine Bernard), Danlée (le marquis de Rieul), Caisso (le soldat Lafleur), Disy.

1896-1897

Directeurs : Stoumon et Calabrési.
Premier chef d'orchestre : P. Flon.
Chef d'orchestre : L. Dubois.
Régisseur général : Pierre Baudu.
Régisseur : Léon Herbaut.
Maître de ballet : Laffont.
Régisseur de ballet : Desmet.

*

TENORS : Imbart de la Tour, Bonnard, Isouard, Dantu, Caisso, Disy, Gillon.

BARYTONS : Seguin, Frédéric Boyer, Dufranne, Cadio, Gilibert.

BASSES : Dinard, Journet, Blancard, Danlée.

CHANTEUSES : Landouzy, Raunay, Kutscherra, Jeanne Harding, Gianoli, Holmstrand, Goulancourt, Mastio, Milcamps, Hendrikx, Mauzié, Maubourg, Bélia.

**

Ballet.

Danseurs : Laffont, Artiglio Lorenzo, Desmet, Steenebruggen.
Danseuses : Térésita Riccio, Antoinette Porro, Jeanne Dierickx, Zumpichell.

***

EN REPRESENTATION

Mme Marie Bréma.

Ouverture : 5 septembre 1896, Samson et Dalila.

Clôture : 4 mai 1897, Les deux Billets, Les Dragons de Villars (acte I), Roméo et Juliette (acte de la chambre), Aïda (acte II, tableau I), Les Pêcheurs de Perles (acte I), Le Pardon de Ploërmel (acte II, tableau I), Carmen (acte IV).

LES CREATIONS DE LA SAISON

16 novembre 1896.

DON CESAR DE BAZAN

Opéra comique en 3 actes et 4 tableaux.

Paroles de Dumanoir et d'Ennery.
Musique de Jules Massenet.

MM. Boyer (Don César), Bonnard (Charles II), Gilibert (Don José), Danlée (le capitaine).

Mmes Gianoli (Maritana), Hendrikx (Lazarille).

2 décembre 1896.

PHRYNE

Opéra comique en 2 actes.

Paroles d'Augé de Lassus.
Musique de Camille Saint-Saëns.

Mme Harding (Phryné), Milcamps.

M. Isouard (Nicias), Gilibert, Blancard, Caisso, Danlée.

19 janvier 1897.

JAVOTTE

Ballet en 3 tableaux.

Musique de Saint-Saëns.

12 mars 1897.

FERVAAL

Action musicale en 3 actes et 1 prologue.

Paroles et musique de Vincent d'Indy.

Mmes Jeanne Raunay (Guilhen), Armand (Kaïto), Milcamps (le berger).

MM. Imbart de la Tour (Fervaal), Seguin (Arfagard).

1897-1898

Directeurs : Stoumon et Calabrési.
Premier chef d'orchestre : P. Flon.
Deuxième chef d'orchestre : L. Dubois.
Régisseur général : Pierre Baudu.
Régisseur : Léon Herbaut.
Maître de ballet : Lafont.

*

TENORS : Imbart de la Tour, Moisson, Bonnard, Isouard, Vialas, Miguet, Caisso, Disy, Gillon.

BARYTONS : Seguin, Soulacroix, Decléry, Dufranne, Gilibert.

BASSES : Journet, Greil, Ferraud de Saint-Pôl, Danlée.

CHANTEUSES : Landouzy, Thérèse Ganne, Bossi, Domeneck, Gianoli, Mastio, Goulancourt, Milcamps, Maubourg, Borello, Sabiani, Bélia.

**

Ballet.

Danseurs : Lafont, Artiglio Lorenzo, Desmet, Steenebruggen.

Danseuses : Térésita Riccio, Antoinette Porro, Jeanne Dierickx, Zumpichell.

***

EN REPRESENTATION

Mme Marie Bréma.
MM. Ernest Van Dyck, Cossira.

Ouverture : 1er septembre 1897, Faust.
Clôture : 1er mai 1898, Lohengrin.
20 décembre 1897 : subside communal, 145,000 francs.

****

LES CREATIONS DE LA SAISON

17 décembre 1897.

HAENSEL ET GRETEL

Conte lyrique en 3 actes et 5 tableaux.
Paroles de Mme Adelheid Vette.
Version française de Catulle Mendès.
Musique d'Engelbert Humperdinck.

Mmes Landouzy (Gretel), Maubourg (Haensel), Ganne (la sorcière), Milcamps (l'homme au sable, l'homme à la rosée), Goulancourt (la mère).

M. Gilibert (le père).

10 février 1898.

MESSIDOR

Drame lyrique en 4 actes et 5 tableaux.
Paroles d'Emile Zola.
Musique d'Alfred Bruneau.
(6 représentations.)

MM. Seguin (Mathias), Cossira (Guillaume), De Cléry (le berger), Dufranne (Gaspard).

Mmes Bossi (Véronique), Ganne (Hélène).

1898-1899

Directeurs : Stoumon et Calabrési.
Premier chef d'orchestre : P. Flon.
Chef d'orchestre : François Ruhlmann.
Régisseur général : Almanz.
Régisseur : Léon Herbaut.
Maître de ballet : Lafont.

*

TENORS : Imbart de la Tour, Scaremberg, Isouard, Maurice Cazeneuve, Caisso, Disy, Leclercq, Gillon.

BARYTONS : Seguin, Decléry, Dufranne, Gilibert, Danse.

BASSES : Journet, Artus, Kainscop, Danlée, Verheyden.

CHANTEUSES : Landouzy, Thérèse Ganne, Elise Kutscherra-de Nys, Charlotte Wyns, Domenech, Lydie Yllina, Marguerite Claessens, Salmon, J. Milcamps, J. Maubourg, Packbiers, Gottrand, Mercier, Bélio (décédée, remplacée par Dujardin).

Ballet.

Danseurs : Lafont, De Tondeur, Duchamps.

Danseuses : Yvonne Dethul, Antoinette Porro, Marguerite Vincent, Jeanne Dierickx, E. Zumpichell.

***

Ouverture : 5 septembre 1898, Faust.
Clôture : 4 mai 1899, Le Roi l'a dit, Mignon, Les Pêcheurs de Perles, Cavalleria Rusticana.

****

LES CREATIONS DE LA SAISON

31 octobre 1898.

L'OR DU RHIN

Opéra en 4 tableaux.

Paroles et musique de Richard Wagner.

MM. Seguin (Wotan), Dufranne (Albérich), Cazeneuve (Mîme), Imbart de la Tour (Loge), Journet (Fafner), Gilibert (Fasolt), Whitehill (Donner), Disy (Froh).

Mmes Domenech, Claessens, Milcamps (les filles du Rhin), Kutscherra (Fricka), Gottrand (Freia), Lydia Illyna (Erda).

14 décembre 1898.

PRINCESSE D'AUBERGE

Opéra en 3 actes et 4 tableaux.

Paroles de Nestor de Tière.
(Traducteur G. Lagye.)
Musique de Jan Blockx.
(38 représentations.)

Mmes Wyns (Rita), Claessens (Reinilde), Domenech (la mère).

MM. Scaremberg (Merlyn), Dufranne (Marcus), Decléry (Rabo), Gilibert (Bluts).

1899-1900

Directeurs : Stoumon et Calabrési.
Premier chef d'orchestre : P. Flon.
Chef d'orchestre : F. Ruhlmann.
Régisseur général : Almanz.
Régisseur inspecteur : J. Dimitri.
Régisseur : Léon Herbaut.
Maître de ballet : Lafont.
Régisseur de ballet : Ambrosiny.

*

TENORS : Imbart de la Tour, Jérôme, Lupiac (« R », Codou « R »), Maurice Cazeneuve, Caisso, Antony, Disy, Colsaux, Gillon.

BARYTONS : Seguin, Decléry, Dufranne, Gilibert, Danse.

BASSES : Journet, Pierre d'Assy, Vignier, Danlée, Verheyden.

CHANTEUSES : Landouzy, Thérèse Ganne, Homer, Cholain, Lalla Miranda, Marguerite Claessens, Rambly, J. Maubourg, Fernande Dubois, Domenech, Goulancourt, Gottrand, Mativa, Van Loo, Mercier, Laurent.

**

Ballet.

Danseurs : Lafont, Ambrosiny, Duchamps.

Danseuses : Yvonne Dethul, Antoinette Porro, Marguerite Vincent, Jeanne Dierickx, Marie Verhoeven.

***

EN REPRESENTATION

Mme Mary Bréma.
MM. Beyle, Maurice Renaud.

Ouverture : 2 septembre 1899, Aïda.
Clôture : 3 mai 1900, spectacle coupé.

****

LES CREATIONS DE LA SAISON

3 novembre 1899.

CENDRILLON

Opéra-féerie en 4 actes et 6 tableaux.

Paroles d'Henri Caïn.

Musique de Jules Massenet.

Mmes Landouzy (Cendrillon), Homer (Mme de la Haltière), Lalla Miranda (la fée), Maubourg (le Prince Charmant), Gottrand (Noémie), Mativa (Dorothée).

M. Gilibert (Pandolphe), Danlée, Caisso.

18 janvier 1900.

THYL ULENSPIEGEL

Drame lyrique en 3 actes et 4 tableaux.

Paroles de Solvay et Caïn.

Musique de Jan Blockx.

MM. Imbart de la Tour (Thyl), Gilibert (Lamme Goedsack), Dufranne (Thomas), Pierre d'Assy (Vargas), Cazeneuve (Hans), Viguié.

Mmes Ganne (Nele), Goulancourt (Soetkin), Mativa (Clara).

1900-1901

Directeurs : Kufferath et Guidé.
Premier chef d'orchestre : Sylvain Dupuis.
Chef d'orchestre : F. Rühlmann.
Régisseur général : Ch. De Beer.
Régisseur inspecteur : F. Dimitri.
Régisseur : Léon Herbaut.
Maître de ballet : G. Saracco.
Régisseur de ballet : F. Ambrosiny.

*

TENORS : Henderson, Ch. Dalmorès, Léon David, J. Massart, E. Forgeur, V. Caisso, Disy, Colsaux, Gillon.

BARYTONS : Mondaud (« R »), Gaidan (« R »), Seguin (octobre), Badiali, Danse, Grosseaux, Durand.

BASSES : Vallier, d'Assy, Chalmin, Danlée, Dejardin (« R »).

CHANTEUSES : Félia Litvinne, Marie Thiéry, Lalla Miranda, Claire Friché, Duval-Melchissédec (résiliation amiable), Jeanne Pacquot (début janvier), Dhasty, J. Maubourg, Doria, Georgette Bastien (début avril), Aug. Doria, Domenech, E. Gottrand, Montmain, G. Ernaldy, N. Daubret, Nisolle Collini, Mercier, Sablairolles.

**

Ballet.

Danseurs : Ambrosiny, J. Duchamps, Desmet, Clément.

Danseuses : Yvonne Dethul, Eva Sarcy, Adèle Crosti, Bruky, V. Ghibaudi, Pelucchi, Verdoot.

***

EN REPRESENTATION

Mmes Mary Bréma, de Nuovina, Leclerc, Darcey, Laisné.

MM. Affre, Imbart de la Tour, Noté, Henri Albers.

Ouverture : 6 septembre 1900, Aïda.

Clôture : 5 mai 1901, Joli Gilles, Faust (acte II), Hamlet (acte IV), La Vie de Bohème (acte III).

24 octobre 1900 : 50e de Samson et Dalila.

****

LES CREATIONS DE LA SAISON

25 octobre 1900.

LA VIE DE BOHEME

Comédie lyrique en 4 actes.

Paroles de Giacosa et Illica.

Traduit en français par Paul Ferrier.

Musique de Giacomo Puccini.

30 représentations.

MM. David (Rodolphe), Badiali (Marcel), Chalmin (Schaunard), Danlée (Colline), Caisso (Saint-Phar), Danse (Benoît), Disy (Parpignol).

Mmes Thiéry (Mimi), Maubourg (Musette).

29 décembre 1900.

MALADETTA

Grand ballet en 2 actes et 4 tableaux.

Scéna de Pedro Gailhard et Hansen.
Musique de Paul Vidal.
17 représentations.

Mmes Dethul (la fée des neiges), Sarcy (Lilia), Bruky (Triguegno).
M. Saracco (Cadual).

29 décembre 1900.

BASTIEN ET BASTIENNE

Opéra comique en 1 acte.

Paroles
de H. Gauthier-Villars et G. Hartmann.
Musique de Mozart.
9 représentations.

Mlle Friché.
MM. Forgeur, Danse.

8 février 1901.

LOUISE

Roman musical en 4 actes et 5 tableaux.

Paroles et musique de Gust. Charpentier.
23 représentations

MM. Dalmorès (Julien), Seguin (le père), d'Assy (le chiffonnier), Forgeur (le noctambule), Chalmin (premier philosophe), Massart (le chansonnier), Danlée (le bricoleur), Caisso (un gardien de la paix), Danse (le sculpteur), Colsaux (l'étudiant), Grossaux (deuxième philosophe), Disy (un jeune poète), Durand (le peintre), Gillon, Vandermies.
Mmes Jane Dhasty (la mère), Friché (Louise), Maubourg (Irma), Gottrand (Camille), Domenech (Gertrude), Montmain (Elise et le gavroche), Sablairolles (la première), Daubret (l'apprentie), Mercier (la petite chiffonnière), Ernaldy (Blanche), Piton (Suzanne), Léonie (la laitière), Jeanne (Madeleine), Nisolle (la balayeuse), J. Kolh, Stoefs, T. Kolh.

18 mars 1901.

LES DEUX PIGEONS

Ballet en 2 actes.

Scénario de H. Regnier.
Musique d'André Messager.
3 représentations.

Mlles Dethul, Eva Sarcy, Bruky, Ghibaudi, Crosti.
M. Saracco.

HORS SAISON

6 et 9 mai : Tristan und Isolde avec Mmes Litvinne et Bréma, MM. Ernest Van Dyck, Schwegler, Buttner, Forgeur, Grosseaux, Danse.

Chef d'orchestre : Félix Mottl.

11 mai 1901 : 50e anniversaire de la Société française de bienfaisance : Le Barbier de Séville avec Mme Landouzy, MM. David, Badiali, d'Assy, Chalmin.

1901-1902

Directeurs : Kufferath et Guidé.
Premier chef d'orchestre : Sylvain Dupuis.
Chef d'orchestre : F. Rühlmann.
Régisseur général : Ch. De Beer.
Régisseur inspecteur : F. Dimitri.
Régisseur : Léon Herbaut.
Maître de ballet : G. Saracco.
Régisseur de ballet : F. Ambrosiny.

CHANTEUSES : Félia Litvinne (en représentation), Landouzy, Thiéry, Jane d'Hasty, A. Verlet (malade avril), Louise Brass (avril), J. Paquot, Friché, J. Maubourg, G. Bastien, M. de Véry, Feltesse-Oscombre (résiliation amiable), Hariett Strasy, R. Tourjane, Benda, Dalmée, Legenisel, Loriaux, Nisolle, Mercier.

TENORS : Imbart de la Tour, Ch. Dalmorès, Léon David, Henner (début avril), E. Forgeur, Caisso, L. Disy, Colsaux, Gillon.

BARYTONS : H. Albers, P. Séveilhac, C. Badiali, Maxime Viaud, Grosseaux, Durand.

BASSES : H. Sylvain (malade), Bourgeois (fin novembre), P. d'Assy, Belhomme, C. Danlée.

**

Ballet.

Danseurs : F. Ambrosiny, J. Duchamps.

Danseuses : Carlotta Brianza, Aïda Boni, P. Charbonnel, Crosti, Pelucchi, Paulette Verdoot, Ronzio.

***

EN REPRESENTATION

MM. Maas, Bauxmann, Chambon, Paty, Van Rooy, Noté, Emile Engel.
Mmes Rose Caron, Héglon, Hatto, Bathori.

Ouverture : 5 septembre 1901, Lohengrin.
Clôture : 4 mai 1902, Faust (acte II), Captive (acte I), Les Huguenots (acte IV), Tannhäuser (ouverture), Louise (acte IV).

****

LES CREATIONS DE LA SAISON

24 décembre 1901.

LE CREPUSCULE DES DIEUX
1 prologue, 3 actes et 7 tableaux.
Version française d'Alfred Ernst.
Musique de Richard Wagner.
18 représentations.

Mmes Félia Litvinne (Brunehilde), J. d'Hasty (Waltraute), C. Friché (Gutrune), d'Hasty, Maubourg, Friché (trois Nornes), Verlet, Tourjane, Maubourg (trois filles du Rhin).

MM. Dalmorès (Siegfried), Albers (Gunther), Bourgeois (Hagen), Viaud (Albérich).

—•—

13 février 1902.

IRATO
Opéra comique en 1 acte.
Paroles de Marsollier.
Musique de Méhul.
4 représentations.

MM. Belhomme, Forgeur, Badiali, Caisso.
Mlles Loriaux, Tourjane.

—•—

15 février 1902.

L'ENLEVEMENT AU SERAIL
Opéra en 3 actes.
Nouvelle version
de Maurice Kufferath et Lucien Solvay.
Musique de Mozart.
2 représentations.

Mmes Landouzy (Blondine), Verlet (Constance).

MM. David (Belmont), Forgeur (Pédrille), Belhomme (Osmin), Durand (le pacha Sélim).

—•—

22 février 1902.

OTHELLO
Opéra en 4 actes.
Paroles d'Arrigo Boïto.
Musique de Giuseppe Verdi.
9 représentations.

MM. Imbart de la Tour (Othello), Albers Jago), Forgeur (Cassio), Bourgeois (Lodovico), Colsaux (Rodrigue), Durand (Montano), Grosseaux (un héraut).

Mmes Claire Friché (Desdémone), d'Hasty (Emilia).

—•—

18 mars 1902.

GRISELIDIS
Conte lyrique en 3 actes et 1 prologue.
Paroles
d'Armand Silvestre et Eugène Morand.
Musique de J. Massenet.
14 représentations

Mmes Claire Friché (Grisélidis), Maubourg (Fiamina), Loriaux (Bertrade).

MM. David (Alain), Albers (le marquis de Saluces), Belhomme (le diable), Grosseaux (Gondebaud), Danlée (le prieur).

15 avril 1902.

LA CAPTIVE

Pantomime-ballet en 2 actes.

Scénario de Lucien Solvay.
Musique de Gilson.
3 représentations.

Mlles Briaza, Boni, Vincent.
MM. Saracco, Ambrosiny.

LES SURPRISES DE L'AMOUR

Opéra comique en 2 actes.

Paroles de Monselet.
Musique de Poise.
2 représentations.

Mmes Maubourg, Brass.
MM. Forgeur, Badiali.

1902-1903

Directeurs : Kufferath et Guidé.
Premier chef d'orchestre : Sylvain Dupuis.
Chef d'orchestre : Fr. Rasse.
Régisseur général : Ch. de Beer.
Régiseur inspecteur : F. Dimitri.
Régisseur : Léon Herbaut.
Maître de ballet : G. Saracco.
Régisseur de ballet : F. Ambrosiny.

*

CHANTEUSES : Félia Litvinne (en représntation), Lise Landouzy (en représentation), Jane Paquot, Harriet Strasy, Gertrude Sylva, Marguerite Revel, Jane Maubourg, Jeanne Weyrieg, Louise Brass, Dratz-Barat, Emilie Dalmée, Sereno.

Claire Friché, Jane Bathori, C. Rival, Georgette Bastien, Cécil Eyreams, Marcelle Reville, Adrienne Tourjane, Léa de Perre, Legenisel,Alice Verneuil.

TENORS : Imbart de la Tour, Ch. Dalmorès, Edm. Clément (en représentation), Emile Engel, A. Lavarenne, E. Forgeur, L. Henner, V. Caisso, G. Colsaux, L. Disy, Gillon.

BARYTONS : Henri Albers, Dangès, A. Boyer, Maxime Viaud, Eugène Durand, Maurice Sauvejunte.

BASSES : C. Bourgeois, Pierre d'Assy, Belhomme, Ch. Danlée, Ed. Cotreuil.

**

Ballet.

Danseurs : F. Ambrosiny, J. Duchamps.

Danseuses : Marguerite Bordin, Eva Sarcy (en représentation), Aïda Boni, P. Charbonnel, Adèle Crosti, A. Pelucchi, Paulette Verdoot, I. Ronzio.

***

EN REPRESENTATION

Mmes Alice Verlet, Marie Delna, Olitzka.
M. Ernest Van Dyck.

Engagement en cours de saison : Mme Paulin.

Ouverture : 4 septembre 1902, Tannhäuser.

Clôture : 10 mai 1903, Le Maître de Chapelle, Faust (tableaux IV, V, VI), Haensel et Gretel (acte II), Hamlet (acte IV), Siegfried (acte II).

****

LES CREATIONS DE LA SAISON

18 octobre 1902.

LA FIANCEE DE LA MER

Drame lyrique en 3 actes.

Poème flamand de Nestor de Tière.
Traduction de Gustave Lagye.
Musique de Jan Blockx.
32 représentations.

Mmes Strasy (Kerlin), Paquot (Djovita), Bastien (Gudule), de Perre (une jeune fille).

MM. Forgeur (Arry), Dangès (Frée Kerdée), Bourgeois (Peter Wulff), d'Assy (Moorik), Disy (un voisin), Sauvejunte (un vieux pêcheur).

31 octobre 1902.

LE LEGATAIRE UNIVERSEL

Opéra bouffe en 3 actes.

Paroles de Jules Adenis et Lionel Bonnemère.
Musique de Georges Pfeiffer.
11 représentations.

Mmes Maubourg (Lisette et Clistorel), Eyreams (Isabelle), Piton (Mme Argante).

MM. Boyer (Crispin), Forgeur (Eraste), Caisso (Géronte), Cotreuil (Scrupule), Durand (Gaspard).

26 novembre 1902.

LA KORRIGANE

Ballet fantastique en 2 tableaux.

Scénario de François Coppée et Louis Mérante.
Musique de Ch. Widor.
10 représentations.

Mlles Bordin (Yvonette), Charbonnel (la reine des Korrigans), Crosti, Pelucchi, Verdoot.

MM. Saracco (Lilêz), Ambrosiny (le Bossu).

4 janvier 1903.

JEAN MICHEL

Comédie lyrique en 4 actes.

Paroles de Georges Garnir et Charles Vallier.
Musique d'Albert Dupuis.
7 représentations.

MM. Imbart de la Tour (Jean), Dangès (Hubert), Viaud (François), Cotreuil (Louis), Forgeur (Henri), Sauvejunte.

Mlles Friché (Madeleine), Rival, Brass, Tourjane, Dratz-Barat, Dalmée, Colman, Verneuil, Piton.

5 janvier 1903.

LILIA

Ballet floral en 1 acte.

Scénario et musique de Joseph Jacob.
10 représentations.

Mlles Bordin (Lilia), Boni (Rosita), Charbonnel (le carabe doré), Crosti (le papillon), Pelucchi (Muguette), Verdoot (Marguerite).

M. Ambrosiny (le scarabée).

7 janvier 1903.

L'ETRANGER

Action musicale en 2 actes.

Paroles et musique de Vincent d'Indy.
11 représentations.

Mmes Friché (Vita), Rival (la mère de Vita), Sereno (Madeleine), Dalmée (une vieille), Dratz-Barat (une jeune femme, une jeune fille), Brass (1re ouvrière, 2e jeune fille), Tourjane (2e ouvrière, 3e jeune fille).

MM. Albers (l'Etranger), Henner (André), Colsaux (le vieux Pierre), Disy (un jeune homme), Cotreuil (un pêcheur, le contrebandier), Durand (un vieux marin, un vieux pêcheur).

7 janvier 1903.

ATTENDEZ-MOI SOUS L'ORME

Opéra comique en 1 acte.

Paroles de Prével et de Bonnières.
Musique de Vincent d'Indy.
5 représentations.

Mmes Maubourg (Lisette), Eyreams (Agathe).

MM. Belhomme (Doronte), Boyer (Pasquin), Forgeur (Colin).

ABONNEMENTS SUSPENDUS :

15-17-18-20 avril 1903 : 1re exécution de la Tétralogie.

22-24-25-27 avril 1903 : 2e exécution de la Tétralogie.

(L'Or du Rhin, la Valkyrie, Siegfried, Le Crépuscule des dieux.)

14 août 1903 : Travaux terminés à l'orchestre, plus enfoncé dans le sol et sous la scène. Nouvelle acoustique, excellente. Mlle Ramaekers chante — à l'orchestre — le Rêve d'Elsa de « Lohengrin ».

1903-1904

Directeurs : Kufferath et Guidé.
Premier chef d'orchestre : Sylvain Dupuis.
Chef d'orchestre : Fr. Rasse.
Régisseur général : Ch. De Beer.
Régisseur inspecteur : F. Dimitri.
Régisseur : Léon Herbaut.
Maître de ballet : G. Saracco.
Régisseur de ballet : F. Ambrosiny.

*

CHANTEUSES : Strakosch, Bréjean-Silver (octobre), Jane Paquot, Lydia Colbrant (novembre), Guerlina, Gerville-Réache, Gertrude Sylva, Georgette Bastien, Cécile Eyreams, Jane Maubourg, Lucy Foreau (février), Simony, J. Paulin, Adrienne Tourjane, Dratz-Barat, Roland, Carlhant (avril).

TENORS : Imbart de la Tour, Ch. Dalmorès, Delmas, E. Forgeur, L. Henner, Yerna, V. Caisso, L. Disy.

BARYTONS : Henri Albers, Decléry, A. Boyer, François, Maurice Sauvejunte.

BASSES : Vallier, Pierre d'Assy, Belhomme, Ed. Cotreuil, Ch. Danlée.

**

Ballet.

Danseurs : Ambrosiny, J. Duchamps.

Danseuses : Aïda Boni, P. Charbonnel, Adèle Crosti, A. Pelucchi, Paulette Verdoot, I. Ronzio.

***

EN REPRESENTATION

Mmes Lalla Miranda, Mérey, Carrère, Amélie Loventz, Marié de l'Isle, Lafargue, Blanche Marchesi, Félia Litvinne, Lise Landouzy, Grandjean, Charlotte Wyns.

MM. Clément, Noté.

Ouverture : 10 septembre 1903, Lohengrin.

Clôture : 9 mai 1904, Cavalleria Rusticana, La Tosca (acte II), Mireille (acte I), Orphée (acte IV, tableau I), Les Maîtres Chanteurs de Nuremberg (acte II).

Hors saison :

17 mai 1904 : La Walkyrie, avec M. Ernest Van Dyck et Mle Jane Marcy. Chef d'orchestre : Félix Mottl.

****

CREATIONS DE LA SAISON

3 novembre 1903.

SAPHO

Pièce lyrique en 1 prologue et 4 actes.

Paroles de Henri Cain et Bernède.
Musique de Jules Massenet.
11 représentations.

Mmes Bréjean-Silver (Fanny Legrand), Bastien (Divonne), Eyréams (Irène).

MM. Delmas (Jean Gaussin), Boyer (Caoudal), Cotreuil (Césaire), Caisso (La Borderie), Danlée (le patron).

—•—

13 novembre 1903.

ZANNETTA

Ballet en 1 acte et 3 tableaux.

Scénario de Mme Gedda et M. G. Saracco.
Musique d'Agniez.
5 représentations.

Mlles Boni (Zannetta), Charbonnel (Amri), Pelucchi (Azyre), Verdoot (le génie malfaisant).

M. Ambrosiny (Jacquo).

Chant : Mlle Colbrant (la fée bienfaisante).

—•—

30 novembre 1903.

LE ROI ARTHUS

Drame lyrique en 3 actes et 6 tableaux.

Paroles et musique d'Ernest Chausson.

12 représentations.

Mme Paquot d'Assy (Guinèvre).

MM. Albert (Arthus), Dalmorès (Lancelot), François (Mordred), Forgeur (Lyonnel), Vallier (Allan), Cotreuil (Merlin), Henner (un laboureur), Danlée (un chevalier, un écuyer), Disy, Henner, Austin (trois soldats).

30 décembre 1903.

LA BELLE AU BOIS DORMANT

Féerie lyrique en 1 prologue, 3 actes et 7 tableaux.

Paroles de Michel Carré et Paul Collin.

Musique de Charles Silver.

5 représentations.

Mmes Bréjean-Silver (la reine et la princesse Aurore), Maubourg (la fée Urgèle), Eyréams (Jacotte), Tourjane (le page), Boulin (la fée Primevère), Piton (Dame Gudule).

MM. Delmas (le chevalier errant et le prince), Boyer (Barnabé), Cotreuil (le roi), Caisso (le sénéchal), Danlée (Eloi), Austin (un chevalier).

2 avril 1904.

LA TOSCA

Opéra en 3 actes.

Version française de Paul Ferrier.

Musique de Giacomo Puccini.

11 représentations.

Mme Paquot d'Assy (Floria Tosca).

MM. Dalmorès (Mario Cavaradossi), Albers (Scarpia), Cotreuil (Cesare Angelotti), Belhomme (le sacristain), Austin (Spoletta), Danlée (Sciarrone), François (un géolier).

1904-1905

Directeurs : Kufferath et Guidé.
Premier chef d'orchestre : Sylvain Dupuis.
Chef d'orchestre : Fr. Rasse.
Régisseur général : Ch. De Beer.
Régisseur inspecteur : F. Dimitri.
Régisseur : Léon Herbaut.
Maître de ballet : F. Ambrosiny.
Régisseur de ballet : J. Duchamps.

*

CHANTEUSES : Félia Litvinne (en représentation), Lise Landouzy (en représentation), Paquot d'Assy, Baux, Francès Alda, Cécile Thévenet, Foreau, Laffitte, Eyreams, Bastien, Maubourg, Muratore, Dratz-Barat, Zina Brozzia, Carlhant, Cortez, Simony, Tourjane, Paulin, Van Dyck, Colbrant, Lambrechts.

TENORS : Ernest Van Dyck, Ed. Clément, E. Thomas Salignac (tous les trois en représentation); Dalmorès, Laffitte, Léon David (novembre), Muratore, Forgeur, Lubet, Caisso, Disy.

BARYTONS : Albers, Decléry, Boyer, Bourbon, François, Crabbé.

BASSES : Vallier, d'Assy, Belhomme, Cotreuil, Danlée.

**

Ballet.

Danseurs : Ambrosiny, Duchamps.
Danseuses : Boni, Dupré, Crosti, Pelucchi, Verdoot, Jamet, Ronzio.

***

EN REPRESENTATION

Mmes Cesbron, Marcy, Pornot, Maria Gay, Lalla Miranda, Jane d'Hasty;

MM. Altchewsky, Moisson, De Meyer.

3 novembre 1904 : Faust, avec les dix

nouveaux décors d'Albert Dubosq (gala de la presse, bénéfice 6,557 fr.).

Ouverture : 5 septembre 1904, Les Maîtres Chanteurs de Nuremberg.

Clôture : 4 mai 1905, Martille (acte II); Hamlet (acte IV); Le Légataire Universel (acte II); Hérodiade (acte III, duo); Paillasse (acte I); Une Aventure de la Guimard.

****

LES CREATIONS DE LA SAISON

25 novembre 1904.

LE JONGLEUR DE NOTRE-DAME

Miracle en 3 actes.

Paroles de Maurice Léna.
Musique de J. Massenet.
21 représentations.

MM. Laffitte (Jean), Bourbon (Boniface), Cotreuil (le prieur), Danlée (un moine sculpteur), François (un moine peintre), Crabbé (un moine musicien), Disy (un loustic).

—•—

14 décembre 1904.

ALCESTE

Tragédie-opéra en 3 actes et 6 tableaux.

Paroles du Bailli du Rollet.
Musique de Gluck.
12 représentations.

Mmes Félia Litvinne (Alceste), Maubourg et Colbrant (deux jeunes Grecques).

MM. Dalmorès (Admète), Bourbon (le grand-prêtre d'Apollon), Forgeur (Evandre), Crabbé (Caron et Apollon), François (un héraut).

N. B. — Cet ouvrage n'avait été joué qu'une seule fois (en 1791) par une troupe de passage. On peut donc considérer cette reprise (?) comme une création.

—•—

3 janvier 1905.

PEPITA JIMENEZ

Comédie lyrique en 2 actes et 3 tableaux.

Version française de Maurice Kufferath.
Musique de J. Albeniz.
4 représentations.

Mmes Baux (Pepita Jimenez), Maubourg (Antanona).

MM. David (Don Louis), d'Assy (Don Pedro), Belhomme (le vicaire), Boyer (le comte Genazahar), Lubet (premier officier), Crabbé (deuxième officier).

—•—

3 janvier 1905.

L'ERMITAGE FLEURI

Zarzuela espagnole en 2 actes.

Version française de Solvay et Rob. Sand.
Musique de J. Albeniz.
6 représentations.

Mmes Eyréams (Irène), Paulin (dona Ascencion), Tourjane (Rosette).

MM. Forgeur (Henri de Cifuentès), Caisso (don Lesmes Calasparra), Lubet (Gabriel), Disy (Pascual), Crabbé (l'alcade).

—•—

3 février 1905.

UNE AVENTURE DE LA GUIMARD

Ballet en 1 acte.

Scénario d'Henri Cain.
Musique d'André Messager.
13 représentations.

Mlles Boni (la Guimard), Crosti (l'amoureuse), Dupré (l'amoureux).

M. Ambrosiny (le sergent recruteur).

—•—

3 mars 1905.

MARTILLE

Drame lyrique en 2 actes.

Paroles d'Edmond Cattier.
Musique d'Albert Dupuis.
6 représentations.

Mmes Paquot d'Assy (Betsy), Dratz-Barat (Martille), Colbrant, Carlhant, Cortez (trois jeunes filles de Florenville), Tourjane, Van Dyck (deux servantes d'auberge), Udellé, Lambrechts (deux paysannes).

MM. Laffitte (Etienne), d'Assy (Pierre), François (Jérôme), Crabbé (père Benoît).

1905-1906

Directeurs : Kufferath et Guidé.
Premier chef d'orchestre : Sylvain Dupuis.
Chef d'orchestre : Fr. Rasse.
Deuxième chef d'orchestre : Léon Van Hout.
Régisseur général : Ch. De Beer.
Régisseur inspecteur : F. Dimitri.
Régisseur : Léon Herbaut.
Maître de ballet : F. Ambrosiny.
Régisseur de ballet : J. Duchamps.

*

CHANTEUSES : Félia Litvinne (en représentation), J. Paquot d'Assy, F. Alda, L. Korsoff, P. Donalda, C. Bressler-Gianoli, J. Laffitte, C. Eyréams, J. Maubourg, Dratz-Barat, J. Bourgeois, F. Carlhant, J. Paulin, A. Tourjane, Das, H. de Bolle, M. Udellé, M. Lambert, L. Dewin, M. Massart.

TENORS : Dalmorès, Laffitte, David, Altchewsky, De Meyer, Forgeur, Dognies, Caisso.

BARYTONS : Albers, Decléry, Bourbon, François, Crabbé.

BASSES : D'Assy, Paty, Artus, Belhomme, Danlée.

**

Ballet.

Danseurs : F. Ambrosiny, J. Duchamps.
Danseuses : Aïda Boni, Nelly Cabrini, Gabrielle Carrère, A. Pelucchi, P. Verdoot, D. Jamet, I. Ronzio.

***

EN REPRESENTATION

Mmes Bastien, Maria Gay, Sylva.
M. Delmas.

Ouverture : 17 août 1905, Princesse d'Auberge.

Clôture : 20 mai 1906, Le Barbier de Séville (acte III), Haensel et Gretel (une scène acte II), Faust (tableau III); Le Postillon de Longjumeau (acte II), Coppélia (acte II).

1 février 1906 : Jean Cloetens fête le 40e anniversaire de son entrée à la Monnaie comme contrôleur général.

LES CREATIONS DE LA SAISON

9 septembre 1905.

PRINCESSE RAYON DE SOLEIL
Légende en 4 actes.
Paroles de Pol de Mont.
Musique de Paul Gilson.
13 représentations.

Mmes Francès Alda (la princesse), Bressler-Gianoli (Walpra).

MM. Altchewsky (Tjalda), Artus (le roi Haïobaud), Dognies, François et Crabbé (les trois scaldes).

—•—

7 novembre 1905.

ARMIDE
Drame héroïque en 5 actes.
Paroles de Quinault.
Musique de Gluck.
40 représentations.

Mmes Félia Litvinne (Armide), Bourgeois (la Haine), Maubourg (Phénice), Carlhant (Sidonie), Eyréams (Mélisse et un plaisir), Das (la naïade (Lucinde), Lambert (une amante heureuse).

MM. Laffitte (Renaud), Decléry (Ubalde), Bourbon (Hidraot), Altchewsky (le chevalier danois), François (Aronte), Dognies (Artemidore).

—•—

16 décembre 1905.

CHERUBIN
Comédie chantée en 3 actes.
Paroles de Francis de Croisset
et Henri Cain.
Musique de Jules Massenet.
10 représentations.

Mmes Maubourg (Chérubin), Alda (Ensoleillad), Eyréams (Nina), Carlhant (la comtesse), Paulin (la baronne).

Mlles Tourjane, De Bolle, Udellé, Dewin, Massart, Wothier, Timmerms (Manolas).

MM. Albers (le philosophe), Artus (le comte), Forgeur (le duc), Belhomme (le baron), Dognies (le capitaine Ricardo), Crabbé (l'hôtelier), Deboot (un officier).

20 janvier 1906.

MAIMOUNA

Ballet pantomime en 1 acte et 2 tableaux.

Scénario de Mme T. Béon et Ambrosiny.

Musique d'Alexandre Béon.

5 représentations.

Mlles Boni (Maïmouna), Carrère (le Dieu), Pelucchi (Léïla), Verdoot (une bayadère), Jamet (une prêtresse).

M. Ambrosiny (le grand prêtre).

21 février 1906.

LA DAMNATION DE FAUST

Légende dramatique en 5 actes et 10 tableaux.

Musique d'Hector Berlioz.

Adaptation à la scène de Raoul Gunsbourg.

26 représentations.

MM. Dalmorès (Faust), Albers (Méphistophélès), Belhomme (Brander).

Mlle Alda (Marguerite).

3 avril 1906.

DEIDAMIA

Drame lyrique en 4 actes et 6 tableaux.

Paroles de Lucien Solvay.

Musique de François Rasse.

4 représentations.

MM. Albers (Karl Frank), Artus (Gunther), Forgeur (un chasseur), Dognies (Stranio).

Mmes Bressler-Gianoli (Monna Belcolore), Eyréams (Déïdamia).

18 avril 1906.

RESURRECTION

Drame lyrique en 4 actes.

Version française de Paul Ferrier.

Musique de Francesco Alfano.

5 représentations.

MM. David, Bourbon, Artus.

Mmes Dratz-Barat, Maubourg, Bourgeois, Paulin, Tourjane, Udellé, De Bolle, Dewin, Massart.

1906-1907

Directeurs : Kufferath et Guidé.

Premier chef d'orchestre : Sylvain Dupuis.

Chef d'orchestre : Fr. Rasse.

Deuxième chef d'orchestre : Léon van Hout.

Régisseur général : Ch. De Beer.

Administrateur de la scène : Ch. Stuart.

Régisseur inspecteur : F. Dimitri.

Régisseur : Léon Herbaut.

Régisseur de l'orchestre : Goffin.

Maître de ballet : F. Ambrosiny.

Régisseur de ballet : J. Duchamps.

*

CHANTEUSES : Harriett Strasy (congé maladie), Francès Alda, Lucette Korsoff, Jeanne Laffitte, A. Magne, Charles-Mazarin (novembre), Claire Croiza, Gertrude Sylva, Cécile Eyréams, Dratz-Barat, Georgette Bastien, Jeanne Bourgeois, Marguerite Das, Fanny Carlhant, Jane Paulin, Magdeleine Udellé, Henriette de Bolle, Laure Dewin, Germaine Dalbray.

TENORS : Léon Laffitte, Léon David, André Morati, Laurent Swolfs, R. Naudès, Hector Dognies, Dua (mars), Dister (mars), V. Caisso.

BARYTONS : J. Layolle, M. Decléry, J. Bourbon, Georges Petit, A. François, Armand Crabbé, R. Delaye, A. Brun.

BASSES : Jean Vallier, Blancard, Artus, H. Belhomme, Ch. Danlée.

**

Ballet.

Danseurs : Ambrosiny, Duchamps.

Danseuses : Edéa Santori, A. Pelucchi, Irma Legrand, Paulette Verdoot, Dora Jamet, G. Magda.

***

EN REPRESENTATION

Mmes Borgo, Mary Garden, Lafargue, Blannard, Paquot, d'Assy, de Trétille, Marguerite Carré, Marie Thiéry, Pornot, Rennyson.

MM. Clément, Delmas, Alvarez, Girod.

Ouverture : 10 septembre 1906, Aïda.

Clôture : 9 mai 1907, La Bohême (acte I), La Traviata (acte I), Les Troyens (2e partie), Manon (acte de Saint Sulpice), Le Barbier de Séville (acte III).

HORS SAISON

11 et 13 mai 1907 : Tristan und Isolde. Capellmeister : Félix Mottl.

Mme Wittich (Isolde), M. Burrian (Tristan), M. Benden (Roi Marke), Mme Preuse-Matzenauer (Brangaine), M. Leydstroem (Kurwenal 1re) et M. Bauberger (Kurwenal 2e).

****

LES CREATIONS DE LA SAISON

9 novembre 1906.

MADAME CHRYSANTHEME

Comédie lyrique en 4 actes, un prologue et 1 épilogue.

Paroles de Georges Hartmann et André Alexandre.
Musique d'André Messager.
7 représentations.

MM. David (Pierre), Bourbon (Yves), Caisso (Kangourou), Danlée (Monsieur Sucre), Brun (Raoul), François (un gabier), Delaye (René), Deshayes (Charles).

Mmes Alda (Madame Chrysanthème), Eyréams (Ojouki), Paulin (Madame Prune), De Bolle (Madame Fraise), Dewin (Madame Jonquille), Frery (Madame Campanule).

26 décembre 1906.

LA PRISE DE TROIE

Tragédie lyrique en 3 actes et 5 tableaux.

Poème et musique d'Hector Berlioz.
13 représentations.

MM. Swolfs (Enée), Layolle (Chorèbe), François (Panthée), Danlée (l'ombre d'Hector), Dognies (Hélénus), Delaye (Priam et un chef grec), Deboot (un soldat troyen).

Mmes Charles-Mazarin (Cassandre), Bastien (Andromaque), Bourgeois (Hécube), De Bolle (Ascagne), Dalbray (Polyxène), la petite Antonia (Astyanax).

—•—

27 décembre 1906.

LES TROYENS A CARTHAGE

Tragédie lyrique en 4 actes et 6 tableaux.

Poème et musique d'Hector Berlioz.
14 représentations.

Mmes Croiza (Didon), Bourgeois (remplaçant pied levé Nady Blancard) (Anna), De Bolle (Ascagne), Bourgeois (le spectre de Cassandre).

MM. Laffitte (Enée), Blancard (Narbal), François (Panthée), Nandès (Iopas), Dognies (Hylas), Belhomme (un soldat), Crabbé (le dieu Mercure), Danlée (le spectre d'Hector), Delaye (le spectre de Priam), Brun (le spectre de Chorèbe).

N. B. — A partir du 16 janvier 1907, on a joué « La Prise de Troie » et « Les « Troyens à Carthage » en une seule soirée, en commençant à 6 heures.

—•—

9 janvier 1907.

PELLEAS ET MELISANDE

Drame lyrique en 5 actes et 12 tableaux.

Paroles de Maurice Maeterlinck.
Musique de Claude Debussy.
14 représentations.

Mmes Mary Garden (Mélisande), Bourgeois (Geneviève), Dos (le petit Yniold).

MM. Georges Petit (Pelléas), Bourbon (Goland), Artus (Arkël), Danlée (le médecin).

8 février 1907.

LA LEGENDE DE LA PERLE

Ballet en 2 actes et 3 tableaux.

Scénario et musique de Joseph Jacob.

2 représentations.

Mlles Santori, Pelucchi, Legrand, Verdoot, Lamet.

—•—

8 février 1907.

AMARYLLIS

Conte mythologique en 1 acte.

d'Eugène et Edouard Adenis.

Musique d'André Gailliard.

8 représentations.

Mmes Korsoff (Amaryllis), Bourgeois (Diane).

M. Moratti (Apollon).

—•—

23 février 1907.

LA FIANCEE VENDUE

Opéra comique en 3 actes.

Version française de Raoul Brunel.

Musique de Smetana.

6 représentations.

MM. Morati (Hans), Belhomme (Kezal), Dua (Wazek), Danlée (Kruschina), François (Micha), Caisso (Springer), Delaye (Muff).

Mmes Korsoff (Marie), Eyréams (Esmeralda), Bourgeois (Kathinka), Paulin (Agnès).

—•—

25 mars 1907.

SALOME

Drame lyrique en 1 acte.

Paroles d'Oscar Wilde.

Musique de Richard Strauss.

17 représentations.

Mmes Mazarin (Salomé), Laffitte (Hérodias), De Bolle (un page d'Hérodias).

MM. Swolfs (Hérode), Petit (Iokoanaan), Nandès (Narraboth), Vallier (un Nazaréen), François (un soldat), Danlée (deuxième soldat), Nandès, Dognies, Dister, Dua, Belhomme (cinq juifs), Deboot (un Cappadocien).

La danse des sept voiles par Mlle Aïda Boni (Salomé).

1907-1908

Directeurs : Kufferath et Guidé.

Premier chef d'orchestre : Sylvain Dupuis.

Chef d'orchestre : Fritz Ernaldy.

Deuxième chef d'orchestre : Léon Van Hout.

Régisseur général : Ch. De Beer.

Régisseur inspecteur : F. Dimitri.

Régisseur : Ch. Delhaye.

Régisseur de l'orchestre : M. Goffin.

Maître de ballet : F. Ambrosiny.

Régisseur de ballet : J. Duchamps.

*

CHANTEUSES : Lina Pacary, Harriett Strasy, Yvonne de Tréville, Claire Croiza, Jeanne Laffitte, Odette Carlyle, Nady Blancard, Maritza Rozann, Victoria Mazzonelli, Cécile Eyréams, Jane Bourgeois, L. Seynal, Marthe Symiane, Fanny Carlhant, Jane Paulin, Henriette de Bolle, Germaine Dalbray, Suzanne Delsart, Laure Dewin.

TENORS : Léon Laffitte, Marius Verdier, André Morati, Raoul Nandès, L. Debrue, A. Wronsky, Hector Dognies, Octave Dua, Victor Caisso.

BARYTONS : Jules Layolle, Maurice Decléry, Jean Bourbon, Georges Petit, Armand Crabbé, Raoul Delaye.

BASSES : Vanni Marcoux, Blancard, Henri Artus, G. La Taste, Charles Danlée.

**

Ballet.

Danseurs : Ambrosiny, Duchamps.

Danseuses : J. Cerny, A. Pelucchi, Irma Legrand, Paulette Verdoot, Dora Jamet, E. Beruccini.

***

EN REPRESENTATION

Mmes Lilian Grenville, Mary Garden, Charlotte Wyns, Mazarin, Marguerite Sylva, Mérentié, Dalcroze, J. d'Hasty, Claire Friché, Yvonne Dubel, Lindsay.

MM. David, Delmas, Ad. Corin, Périer.

Ouverture : 5 septembre 1907, Salammbô.

Clôture : 9 mai 1908, La Bohême (acte I), Salammbô (acte III, tableau 2), Werther (acte III, tableau 1), Hamlet (acte IV), Le Chemineau (acte III).

****

LES CREATIONS DE LA SAISON

18 octobre 1907.

AU JAPON

Ballet pantomime en 1 acte.

Scénario de C. Coppi.

Musique de Louis Ganne.

28 représentations.

Mlles Cerny (Maïko), Pelucchi (Dédé), Legrand (Torio), Verdoot (Koguhi), Jamet (Kihon), Hanssens (Okamisan).

MM. Ambrosiny (un officier de marine), Duchamps (le gouverneur), Engel (Shimbon).

M. Louis Ganne dirige.

—●—

23 novembre 1907.

ARIANE

Drame lyrique en 5 actes.

Paroles de Catulle Mendès.

Musique de Jules Massenet.

23 représentations.

Mmes Pacary (Ariane), Seynal (Phèdre), Croiza (Perséphone), Rozann, remplaçant au pied levé Mazzonelli (Ennoë), Symiane (Chromis), Bourgeois (Cypris).

MM. Verdier (Thésée), Layolle (Pirithoüs), La Taste (Phéréklos), Delaye (le chef de la nef), Deshayes et Deboot (deux matelots).

—●—

4 janvier 1908.

FORTUNIO

Conte lyrique en 4 actes et 5 tableaux.

Paroles d'A. de Caillavet et R. de Flers.

Musique d'André Messager.

6 représentations.

MM. Morati (Fortunio), Decléry (maître André), Bourbon (Clavaroche), Dua (Landry), La Taste (Guillaume), Caisso (Subtil), Dognies (d'Azincourt), Delaye (De Verbois).

Mmes Grenville (Jacqueline), Symiane (Madelon), De Bolle (Gertrude).

—●—

6 janvier 1908.

AU PAYS DES CIGALES

Ballet pantomime en 1 acte.

Scénario de F. Ambrosiny.

Musique de Léo Pouget.

11 représentations.

Mlles Cerny (Lilianne), Pelucchi (Miette), Legrand (Marius), Verdoot (un clown), Jamet (un clown).

MM. Ambrosiny (Lazaret), Engel (Tartarin).

—●—

14 février 1908.

LE CHEMINEAU

Drame lyrique en 4 actes.

Paroles de Jean Richepin.

Musique de Xavier Leroux.

17 représentations.

MM. Bourbon (le chemineau), Declèry (François), Blancard (maître Pierre), Dua (Toinet), Caisso (Martin), La Taste (Thomas).

Mmes Croiza (Toinette),Eyréams (Aline), Bourgeois (Catherine).

30 mars 1908.

LES JUMEAUX DE BERGAME
Opéra comique en 2 actes.
Paroles de Maurice Léna.
Musique de Jacques Dalcroze.
3 représentations.

Mmes Jacques Dalcroze (Rosette), Symiane (Nérine).

MM. Decléry (Arlequin cadet), Dua (Arlequin aîné).

16 avril 1908.

MARIE MAGDELEINE
Drame sacré en 4 actes.
Paroles de Louis Mallet.
3 représentations.
Musique de Jules Massenet.

Mmes Pacary (Meryem), Blancard (Marthe).

MM. Verdier (Jésus), Artus (Judas).

1908-1909

Directeurs : Kufferath et Guidé.
Premier chef d'orchestre : Sylvain Dupuis.
Chef d'orchestre : Fritz Ernaldy.
Deuxièmes chefs d'orchestre : Léon Van Hout, Anthony Dubois.
Chef de la musique de scène : Georges Lauweryns.
Premier régisseur général : Ch. de Beer (depart amiable pour Milan : octobre)
Régisseur général: G. Merle-Forest (prend la succession de Ch. De Beer).
Régisseur inspecteur : G. Delières.
Régisseur des chœurs : Debbaut.
Maître de ballet : F. Ambrosiny.
Régisseur de l'orchestre : Goffin.
Chef des chœurs : Steveniers.
Régisseur du ballet : J. Duchamps.

*

CHANTEUSES : Lina Pacary, Charles-Mazarin, Yvonne de Tréville, Claire Croiza, Jeanne Laffitte, Berthe Seroen, Juliette Lucey, Lily Dupre, Etty, Jane Bourgeois, Eva Olchansky, Cécile Eyréams, Marthe Symiane, Henriette De Bolle, Alice Bérelly, Jane Paulin, Suzanne Beaumont, Anny Benonard, Alice Florin, Renée Aubry.

TENORS : Léon Laffitte, Marius Verdier, Saldon, Raymond Nandès, L. Delrue, Octave Dua, Victor Caisso.

BARYTONS : Maurice Decléry, Jean Bourbon, Louis Lestelly, Georges Petit, Raoul Delaye, Raymond Hiernaux, Louis Colin.

BASSES : Galinier, Henri Artus, Billot, G. La Taste, Charles Danlée.

**

Ballet.

Danseurs : Ambrosiny, Duchamps.

Danseuses : J. Cerny, A. Pelucchi, Irma Legrand, Paulette Verdoot, Dora Jamet, E. Beruccini.

***

EN REPRESENTATION

MM. Jaume, Clément.
Mlle Bailac.

19 décembre 1908 : Le Conseil communal décide que pour les matinées, musiciens, choristes et personnel de la scène toucheraient le cachet du jour. Le Conseil augmente la subvention de dix mille francs.
4 avril 1909 : 750e de Faust.

Ouverture : 9 septembre 1908, Lohengrin.
Clôture : 8 mai 1909, Les noces de Jeannette, Lakmé (acte II), Orphée (acte III), Salammbô (tableau de la terrasse), La Juive (le ballet).

****

LES CREATIONS DE LA SAISON

16 octobre 1908.

QUAND LES CHATS SONT PARTIS
Ballet en 1 acte.
Scénario d'Ambrosiny.
Musique de Georges Lauweryns.
19 représentations.

Mlles Cerny, Legrand, Pelucchi, Verdoot.

2 janvier 1909.

ARIANE ET BARBE-BLEUE
Conte lyrique en 3 actes.
Paroles de Maurice Maeterlinck.
Musique de Paul Dukas.
5 représentations.

Mmes Claire Friché (Ariane), Lucey (la nourrice), Bourgeois (Sélysette), Berelly (Ygraine),Olchansky (Mélisande), De Bolle (Bellangère), Florin (Alladine).

M. Artus (Barbe-Bleue).

27 janvier 1909.

MONNA VANNA
Drame lyrique en 3 actes.
Paroles de Maurice Maeterlinck.
Musique de Henry Février.
14 représentations.

MM. Verdier (Prinzivalle, Bourbon (Guido Colonna), Billot (Marco Colonna), Petit (Trivulzio), Delrue (Borso) Hiernaux (Borello).

Mmes Pacary (Monna Vanna), De Bolle (Védio).

29 janvier 1909.

LE MAITRE A DANSER
Ballet en 1 acte.
Scénario de Paul Max et Ambrosiny.
Musique de François Rasse.
3 représentations.

27 février 1909.

KATHARINA
Légende dramatique en 3 actes et 4 tableaux.
Version française de Florimond Van Duyse.
Musique d'Edgard Tinel.
17 représentations.

Mmes Croiza (Catherine), Bourgeois (Octavie), Lucey (suivante de Catherine).

MM. Lestelly (Maximin Daïa), Morati (Lucius), Petit (Ananias), Artus (le Prêteur), Galinier (le grand pontife, un officier de justice, voix du dehors), Nandès (Porphyrius, un héraut), La Taste (Zénon), Delaye (Sabinius, Appionus), Delrue (Urbain), Colin (Aristarque),Hiernaux (une voix du dehors).

25 mars 1909.

LA HABANERA
Etude lyrique en 3 actes.
Paroles et musique de Raoul Laparra.
8 représentations.

MM. Bourbon (Ramon), Saldou (Pedro), La Taste (le vieux), Nandès (1er compère, 2e aveugle), Dua (2e compère, un fiancé aragonais), Delaye (3e compère, 1er aveugle), Hiernaux (4e compère, 3e aveugle), Danlée (un domestique), Colin (un homme entre deux âges), Debbaut et Deshayes (deux Andalous), Van den Eynde (un Madrilène), Vandermies (un homme).

Mmes Lucey (Pilar), Bérelly (une fille), Symiane (une fiancée), Florin (une petite fille), De Bolle, Aubry, Beaumont, Bénonard, Kohl, Piton (six femmes du peuple).

1909-1910

Directeurs : Kufferath et Guidé.
Premier chef d'orchestre : Sylvain Dupuis.
Chefs d'orchestre : Léon Van Hout, Georges Lauweryns.
Chef des chœurs : Steveniers.
Régisseur général : E. Merle-Forest.
Régisseur-inspecteur : G. Delières.
Maître de ballet : F. Ambrosiny.
Régisseur de l'orchestre : Goffin.
Régisseur de ballet : J. Duchamps.

*

CHANTEUSES : Lina Pacary, Claire Croiza, Marie Béral, Jeanne Laffitte, Berthe Seroen, Juliette Lucey, Lily Dupré, Ginah Dorly, Cécile Eyréams, Marthe Symiane, Alice Bérelly, Henriette De Bolle, Jane Paulin, Jeanne Montfort, Suzanne Beaumont, Anny Bénonard, Alice Florin, Renée Aubry.

TENORS : Léon Laffitte, Marius Verdier, Paul Saldou, Octave Dua, Arthur Lheureux, Victor Caisso.

BARYTONS : Maurice de Cléry, Jean Bourbon, Louis Lestelly, Robert Moore, Raoul Delaye, Louis Colin, Georges Villier.

BASSES : Henry Weldon, Henri Artus, Etienne Billot, G. La Taste, Charles Danlée.

**

Ballet.

Danseurs : Ambrosiny, Duchamps.
Danseuses : J. Cerny, Olga Ghione, Irma Legrand, Létizia, Paulette Verdoot, Dora Jamet, E. Beruccini.

***

EN REPRESENTATION

MM. Anselmi, Sammarco, Anton Van Rooy, Louis Girod, Bender, Gentner, David, Chaliapine, Smirnoff, Delmas, Chalmin, Muratore, Ernest Van Dyck, Henri Hensel, Zador, Kühn, Hans Keller, Winkelshoff, Schutzendorff.

Mmes Frieda Hempel, Bianchini-Capelli, Claire Friché, Bailac, Charney, Hendrickx, Edith Delys, Brielga, Girard, Arbell, Marguerite Carré, Saltzmann-Stevens, Kirkby-Lunn, Wolff, Dehmlow, Kühn-Brunner, David-Bischoff, Rohr, Maud Fay, H. Blumenthal, O. Blumenthal, Marie Staadt.

Chefs d'orchestre : Léon Jehin (représentations troupe monégasque), Otto Lohse (L'Anneau du Nibelung).

Ouverture : 8 septembre 1909, Sigurd.

Clôture : 15 juin 1910, Werther (acte I), Armide (une scène), Carmen (acte II), Orphée (acte III), La Favorite (ballet).

****

LES CREATIONS DE LA SAISON

19 octobre 1909.

UNE NUIT A ISPAHAN
Ballet en 1 acte.

Scénario d'André Fijan et Ambrosiny.
Musique de Szulc.
9 représentations.

Mlles Cerny (la reine des roses), Ghione (Zuléma), Legrand, Létizia, Verdoot, Jamet.

---

29 octobre 1909.

MADAME BUTTERFLY
Drame lyrique en 3 actes.

Version française de Paul Ferrier.
Musique de Giacomo Puccini.
41 représentations.

MM. Saldou (Pinkerton), Decléry (Sharpless), Dua (Goro), Colin (le prince Yamadori), Delaye (le bonze), Villier (Yakousidé), Danlée (le commissaire impérial), Engel (l'officier du registre).

Mmes Dorly (Cio-Cio-San), Symiane (Souzouki), Sonia (Kate Pinkerton), Paulin (la mère de Cio-Cio-San), De Bolle (la cousine), Aubry (la tante).

7 mars 1910.

EROS VAINQUEUR

Comédie lyrique en 3 actes.

Paroles de Jean Lorrain.

Musique de Pierre de Bréville.

8 représentations.

Mmes Croiza (Eros), Béral, Dupré, Symiane (les trois princesses), Bastien (la nourrice), Dua.

MM. Billot (le roi), Artus (le cardinal-évêque), La Taste (le jardinier), Bérelly, Sonia.

21 mars 1910.

FETES D'HEBE

Ballet avec chants et soli.

Paroles de Gauthier de Mont d'Orge.

Musique de Jean-Philippe Rameau.

1 représentation.

Interprètes lyriques :

Mmes Symiane (Eglé), Bérelly (une bergère),

MM. Dua (Mercure), Delaye (Eurylas).

Interprètes chorégraphiques :

Mlles Cerny (Terpsichore), Ghione (une nymphe), Legrand (un faune), Verdoot et Jamet (compagnes d'Eglé) et Létizia (le berger Palémon : rôle mimé).

18 avril 1910.

LA DORISE

Drame lyrique en 4 actes.

Version française de Paul Ferrier.

Musique de Cesare Galeotti.

3 représentations.

MM. Saldou (Fabrice), de Cléry (Didier), La Taste (Philippe), Dua (le maître à danser).

Mmes Croiza (Alays), Lily Dupré (Aurore), Symiane (Clochette), De Bolle (Déïdamie), Florin (Céphyse), Aubry (Eurydice).

26 avril 1910.

IPHIGENIE EN AULIDE

Tragédie lyrique en 3 actes.

Paroles du bailli du Rollet.

Musique de Glück.

5 représentations.

Mmes Croiza (Clytemnestre), Béral (Iphigénie), Bérelly (Diane).

MM. Laffitte (Achille), Billot (Agamemnon), Moore (Calchas), La Taste (Arcas), Colin (Patrocle), Dua (un jeune Grec).

14 mai 1910.

DON QUICHOTTE

Comédie lyrique en 5 actes.

Paroles d'Henri Cain.

Musique de Jules Massenet.

2 représentations.

Mmes Lucy Arbell (la belle Dulcinée), Brienz (Pedro : travesti), Brielga (Garcia : travesti).

MM. Chaliapine (Don Quichotte), A. Gresse (Sancho) (troupe de l'Opéra de Monte-Carlo), Dua (Rodriguez), Delmas (Juan).

19 mai 1910.

LE VIEIL AIGLE

Opéra en 1 acte.

Poème et musique de Raoul Gunsbourg.

1 représentation.

MM. Chaliapine (le khan Asoub el Moslaim), Muratore (Tolaik), Stefan (un écuyer).

Mme Marguerite Carré (Zina).

(Troupe de l'Opéra de Monte-Carlo.)

26 mai 1910.

ELEKTRA

Opéra en 1 acte.

Paroles d'Oscar Wilde.

Musique de Richard Strauss.

4 représentations.

Mmes Friché (Elektra), Croiza (Clytemnestre), Béral (Chrysotémis), Bérelly (la confidente), De Bolle (la surveillante, la porteuse de traîne), Montfort, Gianini, Paulin, Sonia, Bérelly (les servantes).

MM. Billot (Oreste), Swolfs (Egisthe), La Taste (le précepteur), Dua (le jeune serviteur), Danlée (le vieux serviteur).

L'Anneau de Nibelung (30-31 mai; 2-4 juin): en allemand.

6 et 13 juin 1910 : *Cléopâtre*, mimodrame en 1 acte d'Arenski, Rimsky-Korsakow, Glinka et Moussorgski.

Les Sylphides, poème romantique en 1 tableau de Chopin.
Le Festin, suite chorégraphique.

Ballets russes sous la direction de Nicolas Tcherepnine, maître de ballet : Fokine.

1910-1911

Directeurs : Kufferath et Guidé.
Premiers chefs d'orchestre : Sylvain Dupuis, Fr. Rasse (en second).
Chefs d'orchestre : Van Hout, Georges Lauweryns.
Chefs des chœurs : Guillaume Steveniers.
Régisseur général : E. Merle-Forest.
Régisseur inspecteur : G. Delières.
Maître de ballet : F. Ambrosiny.
Régisseur de l'orchestre : Goffin.
Régisseur du ballet : Duchamps.

*

CHANTEUSES : Claire Friché, Marie Béral, Lily Dupré, Zorah Dorly, Hélène Demellier, Rose Degeorgis, Cécile Eyréams, Marthe Symiane, Alice Bérelly, Jane Paulin, Jeanne Montfort, Anna Sonia, Denise Callemien, Mencette Gianini, Juliette Williame, Léa Zévane.

TENORS : Paul Zocchi, Paul Saldou, Louis Girod, Octave Dua, Arthur Lheureux, Victor Caisso.

BARYTONS : Maurice de Cléry, Louis Lestelly, Raoul Delaye, Léon Ponzio, Auguste Bouilliez, Louis Colin, Georges Villier.

BASSES : Henry Weldon, Henri Artus, Etienne Billot, Gaston La Taste, Charles Danlée.

**

Ballet.

Danseurs : Ambrosiny, Duchamps.
Danseuses : J. Cerny, Olga Ghione, Irma Legrand, Paulette Verdoot, Dora Jamet, E. Beruccini.

***

EN REPRESENTATION

Mmes A. Pornot, C. Croiza, Bastien, B. Lamarc, A. Vallandri, Edith de Lys, Dehmlow, Kuhn-Brunner, E. Walker, Maud Fay, Fay, S. Wolff, David-Bischoff, Rohr, Finzi-Magrini, Maria Grassé, Francès Alda, Bella Alten, Matzenauer, Goetze, Blumenthal, Schelper, Schreiber, Amsden.

MM. J. Bourbon, J. Noté, L. Swolfs, V. Jaume, P. Bender, Enrico Nani, G. Petit, Kuhn, Liszewsky, A. Van Rooy, Pasquali Amato, Dangès, von Scheidt, Hensel, Zador, Lattermann, Winckelshoff, Van Dyck, Enrico Caruso, J. Anselmi, Zennaro de Tura, Gherlinzoni, Knote, Bassi, Villette.

Ouverture : 1 septembre 1910, L'Africaine.
Clôture : 30 avril 1911, Spectale coupé.

****

LES CREATIONS DE LA SAISON

20 octobre 1910.

IVAN LE TERRIBLE
Opéra en 3 actes.

Paroles et musique de Raoul Gunsbourg.
Instrumentation de Léon Jehin.
18 représentations.

Mmes Lamare (Elena), Montfort (un innocent).

MM. Bourbon (Ivan IV), Billat (le boyard Afanasie), Girod (Vladimir Petrowich), de Cléry (Bielsky Skouratoff), Lheureux (le pope), Dua (un paysan), Colin (un Dapifer).

16 novembre 1910.

HOPJES ET HOPJES

Ballet pantomime en 1 acte.

Scénario de F. Ambrosiny.
Musique de Georges Lauweryns.
33 représentations.

Mlles Cerny (miss Maud), O. Ghione (Mietje), Legrand (Jantje), Verdoot (Ziska), Jamet (Kaatje), Hanssens (la mère Kobe), R. Ghione (Pieter).

MM. Ambrosiny (l'oncle Sam), Engel (le père Kobe), Duchamps (le bourgmestre), le petit De Beer (Liefje).

26 novembre 1910.

QUO VADIS?

Opéra en 5 actes et 6 tableaux.

Paroles d'Henri Cain.
Musique de Jean Nouguès.
29 représentations.

MM. Saldou (Vinicius), Lestelly (Pétrone), de Cléry (Chilon), Billot (Pierre, l'apôtre), Lheureux (Néron), Ponzio Sporus), La Taste (Demas), Dua (un jeune chrétien), Delaye (Tigellin), Danlée (Vittelius et un vieillard), Villier (Vatinius), Dognies (le jeune Nerva, Lydon et un matelot), Colin (un centurion).

Mmes Béral (Lygie), Heldy (Eunice), Degeorgis (Poppée), Symiane (Iras), Montfort (Myriam), Williame (Nazaire), Gianini (Lilith, une femme romaine), Sonia (une autre romaine), Zévane (Psyllia), Paulin (la mère).

11 janvier 1911.

LA GLU

Drame musical populaire en 4 actes et 5 tableaux.

Paroles d'Henri Cain.
Musique de Gabriel Dupont.
10 représentations.

MM. Saldou (Marie-Pierre), de Cléry Gillioury), La Taste (le docteur Cézambre), Colin (le comte de Kerman), Dognies (François).

Mmes Béral (la Glu), Friché (Marie-des-Anges), Callemien (Naïk), Sonia (Mariette), Gianini (Rosette).

27 janvier 1911.

CECI N'EST PAS UN CONTE

1 acte.

Paroles de G. Dumestre.
Musique de Ludovic Stiénon du Pré.
7 représentations.

MM. Dua (Pierrot), Delaye.
Mlle Symiane (Colombine).

10 février 1911.

MANON LESCAUT

Drame lyrique en 4 actes.

Version française de Maurice Vaucaire.
Musique de G. Puccini.
10 représentations.

MM. Girod (des Grieux), Ponzio (Lescaut), La Taste (le comte de Gerval), Dua (Edmond, un maître de ballet), Delaye (le commandant de vaisseau), Villier (l'aubergiste), Dognies (l'allumeur public), Colin (un sergent des archers).

Mmes Dorly (Manon), Sonia (un musicien).

16 mars 1911.

LE FEU DE LA SAINT-JEAN

Poème lyrique en 1 acte.

de Richard Strauss.
Version française de Jean Marnold.
8 représentations.

MM. Ponzio (Conrad), Swolfs (le bailli), Billot (Ortolf Sentlinger), Weldon (Poeschel), Delaye (Hamerlein), Colin (Kofel), La Taste (Gilgenstock), Dua (Tulbeck), Lheureux (Aspeck).

Mmes Dupré (Lisbeth), Bérelly (Elsbeth), Symiane (Margret), Montfort (Wigelis), Paulin (Ursule), Williame (Walpurg).

28 mars 1911.

L'ENFANCE DU CHRIST

Trilogie sacrée en 3 parties.

Musique d'Hector Berlioz.
4 représentations.

Mme Demellier (Sainte Marie).

MM. La Taste (Saint Joseph), Billot (Hérode), Weldon (le père de famille),

Dua (le récitant), Danlée (Polydorus), Dognies (le centurion).

Festival Wagner (en allemand) :
19 avril 1911, Lohengrin.
22 avril 1911, Tannhäuser.
24-25-27-29 avril 1911, L'Anneau du Nibelung.

Kapellmeister : Otto Lohse.

1911-1912

Directeurs : Kufferath et Guidé.
Premiers chefs d'orchestre : Otto Lohse, Corneil de Thoran (en second).
Chefs d'orchestre : Van Hout, Georges Lauweryns.
Chef des chœurs : Guillaume Steveniers.
Régisseur général : E. Merle-Forest.
Régisseur inspecteur : G. Delières.
Maître de ballet : F. Ambrosiny.
Régisseur d'orchestre : Goffin.
Régisseur de ballet : J. Duchamps.

*

CHANTEUSES : Claire Friché, Mary Béral, Angèle Pornot, Zorah Dorly (novembre, résiliation acceptée pour tournée), Rose Degeorgis, Fanny Heldy, Marthe Symiane, Alice Bérelly, Jeanne Montfort, Gabrielle Dignat, Hélène Bardot, Denise Callemien, Mencette Gianini, Andrine Savelli, Jane Paulin, Juliette Williame, Léo Zévane.

TENORS : Paul Zocchi, Louis Girod, Eric Audouin, Arthur Darmel (ancien baryton François 1903-1907), Octave Dua, Louis Deru, Hector Dognies, Victor Caisso.

BARYTONS : Maurice de Cléry, Alexis Ghasne, Léon Ponzio, Auguste Bouilliez, Gaston Demarcy, Louis Dufranne.

BASSES : Joseph Grommen, Etienne Billot, Gaston Rudolf (résiliation amicale), Gaston La Taste, Charles Danlée.

**

Ballet.

Danseurs : F. Ambrosiny, J. Duchamps.
Danseuses : Josette Cerny, Olga Ghione, Irma Legrand, Paulette Verdoot, Dora Jamet, Rita Ghione.

Remplacés une fois pour maladie :
Friché par Feltesse.
Girod par Soudieux,
Girod par Borelli.

***

EN REPRESENTATION

Mmes Croiza, Kuhn-Brunner, Edith de Lys, Bastien, Petzl, Walker, Klein-Gmeiner, David-Bischoff, Rohr, Brema, Fassbender-Mottl, Metzger, Bosetti, Hofer, Flith, Schelpen, Schreiber, Schmidthorn.

MM. Thomas-Salignac, Tillman-Liszewsky, Braun, Ernest Van Dyck, Kuhn, R. von Scheidt, Urlus, Knote, Peinhals, Bender, Anton van Rooy, Geis, Winkelshoff, Helgers, Fenten, J. von Scheidt.

20 septembre 1911 : 800e de Faust.

Festival Wagner (en allemand) :
23-25 avril, Tristan et Isolde.
29-30 avril, 2-4 mai, L'Anneau du Nibelung.

Kapellmeister : Otto Lohse.

Ouverture : 6 septembre 1911, Louise.
Clôture : 5 mai 1912, Les noces de Jeannette, La Bohême (acte III), Léonore (ouverture), Hérodiade (tableau de la prison), Manon (tableau de Saint-Sulpice), Hopjes et Hopjes.

****

LES CREATIONS DE LA SAISON

28 octobre 1911.

THERESE

Drame lyrique en 2 actes.
Paroles de Jules Claretie.
Musique de Jules Massenet.
16 représentations.

Mme Croiza (Thérèse).
MM. Girod (Armand de Clerval), de Clé-

ry (André Thorel), Danlée (Morel), Dognies, Demarcy (deux officiers), Dufranne (un officier municipal).

28 octobre 1911.

LE SECRET DE SUZANNE

Intermède musical en 1 acte.

Version française de Maurice Kufferath.
Musique d'Ermanno Wolf-Ferrari.
9 représentations.

M. De Cléry (lecomte Guy); Mlle Pornot (Suzanne); M. Ambrosiny (Jules).

27 novembre 1911.

LA ZINGARA

Ballet-pantomime en 1 acte.

Scénario d'Ambrosiny.
Musique de Valverde.
5 représentations.

Mlles Cerny (la Zingara), O.Ghione (Mendoza), Legrand (Juanito), Verdoot (la Hermosa), Jamet (Aleria), Hanssens (La viéja), R. Ghione (l'étudiant), Verbist (El Guapo).

MM. Ambrosiny (Daragon), Duchamps (Saladero), Roux (un mendiant).

6 décembre 1911.

DEJANIRE

Tragédie lyrique en 4 actes.

Paroles de Louis Gallet et Saint-Saëns.
Musique de Saint-Saëns.
6 représentations.

MM. Darmel (Hercule), Ghasne (Philoctète).

Mmes Friché (Déjanire), Heldy (Iole), Degeorgis (Phénice).

15 février 1912.

RHENA

Drame lyrique en 4 actes et 5 tableaux.

Paroles de Michel Carré.
Musique de Jean Van den Eeden.
13 représentations.

Mmes Béral (Rhéna), Montfort (Giovanna), Callemien (Girella), Dignat (Generosa).

MM. Audouin (Falco Meleghari), Bouilliez (Don Gesnaldo), Billot (Raffagiolo), Demarcy (le syndic), Dognies (Taddeo), Dufranne (Pelipe).

27 février 1912.

S'ARKA

Légende mimo-symphonique en 1 acte.

Scénario de Frans Thys et Ambrosiny.
Musique de Joseph Jongen.
3 représentations.

Mlles Cerny (S'Arka), Ghione (Laduleska), Legrand (le chasseur), Verdoot (Myrtys), Jamet (Nydié).

21 mars 1912.

LA FARCE DU CUVIER

Opéra bouffe en 2 actes.

Paroles de Maurice Léna.
Musique de Gabriel Dupont.
4 représentations.

Mmes Friché (Jaquette), Symiane (Périnette), Gianini (1re commère), Dignat (2e commère), Callemien (Alijou).
M. Ponzio (Jaquinot).

11 avril 1912.

OUDELETTE

Drame lyrique en 3 actes et 4 tableaux.

Paroles de Richard Ledent.
Musique de Charles Radoux.
2 représentations.

MM. Dua (Paschal), Ponzio (Bruno), Bouilliez (Othon).

Mmes Béral (Oudelette), Montfort (Dora), le petit De Beer (un enfant).

1912-1913

Directeurs : Kufferath et Guidé.
Premiers chefs d'orchestre : Otto Lohse (en représentation), Corneil de Thoran, Georges Lauweryns.
Chef d'orchestre : Léon Van Hout.
Chef des chœurs : G. Steveniers.
Régisseur général : E. Merle-Forest.
Maître de ballet : F. Ambrosiny.
Régisseur de l'orchestre : Goffin.
Régisseur des chœurs : Cancelier.
Régisseur de ballet : Duchamps.

*

CHANTEUSES : Claire Friché, Mary Béral, Angèle Pornot, Fanny Heldy, Rose Degeorgis, Marthe Symiane, Alice Bérelly, Marguerite Rollet, Pauline Charney, Hélène Bardot, Kate Cambon, Juliette Autran, Denise Callemien, Mencette Gianini, Jane Paulin, Bertha Carli, Viceroy (engagée en fin de saison).

TENORS : Louis Girod, Eric Audouin, Arthur Darmel, Emile Delzara, Octave Dua, Hector Dognies, Victor Caisso.

BARYTONS: Maurice de Cléry, Edouard Rouard, Léon Ponzio, Auguste Bouilliez, Gaston Demarcy, Louis Dufranne.

BASSES : Joseph Grommen, Etienne Billot, Jules Baldous, Charles Danlée.

**

Ballet.

Danseurs : F. Ambrosiny, J. Duchamps.
Danseuses : Josette Cerny, Olga Ghione, Irma Legrand, Paulette Verdoot, Dora Jamet, Hortense Verbist, Rita Ghione.

***

EN REPRESENTATION

Mmes Croiza, Marguerite Sylva, Edith de Lys, Berthe Seroen, Delna.
MM. Jean Noté, H. Hensel.
Festival Wagner :
Mmes Fassbender-Mottl, von der Osten, Clairmont, Rohr, Rüssche-Eudorf, Nigrini, O. Metzger, Kuhn-Brunner, David-Bischoff, von Farkas, O. Baud, Leopold, Held.
MM. Urlus, Bender, Lattermann, Buttner, Hutt, Albert Braun, J. von Scheidt, R. von Scheidt, Gentner, Liszewsky, Winckelshoff.
Kapellmeister : Otto Lohse.
26 avril 1913 : Le vaisseau fantôme.
29 avril 1913 : Tristan et Isolde.
1 mai 1913 : Concert Beethoven-Wagner.
5-6-8-10 mai 1913 : L'Anneau du Nibelung.

Ouverture : 5 septembre 1912, Lohengrin.

Clôture : 4 mai 1913, Fidelio (ouverture, fragments acte I), Faust (prison), Madame Butterfly (acte III), Paillasse (acte I), Hamlet (scène de la folie), Le jardin des délices.

****

LES CREATIONS DE LA SAISON

25 octobre 1912.

ENFANTS-ROIS
Conte lyrique en 3 actes.
Version française de Robert Brussel.
Musique d'Engelbert Humperdinck.
10 représentations.

MM. Girod (le fils du Roi), de Cléry (le vielleux), Ponzio (le bûcheron), Dua (le marchand de balais), Caisso (le maïeur), Dufranne (l'hôtelier), Dognies (le tailleur), Demarcy et Danlée (deux gardes).

Mmes Bérelly (la gardeuse d'oies), Charney (la sorcière), la petite Yoyo (une petite fille), Callemien (la fille de l'hôtelier), Autran (la vachère).

20 novembre 1912.

LE JARDIN DES DELICES

Ballet en 1 acte.

Scénario de Paul Max et F. Ambrosiny.
Musique de Goossens.
8 représentations.

Mlles Cerny (Lotus bleu), O. Ghione (Aïni), Legrand (le prince Aroussi), Verdoot (Myrrah), Jamet (Aïssa), Rita Ghione (le sultan), Verbist (Stelliani).

21 novembre 1912.

LE CHANT DE LA CLOCHE

Légende dramatique en 1 prologue et 7 tableaux.

Musique de Vincent d'Indy.
16 représentations.

Mmes Heldy (Léonore), Bardot (la mère), Carli et Gianini (deux esprits du Rêve).

MM. Girod (Wilhelm), Dua (Martin Pyk), Dognies (Kaspar Bitterli), Demarcy (Heinrich Dumin, un prêtre), Danlée (Jonas Hartkopf), Grommen (Dietrich Leerschwubst), Bouilliez (le doyen), Dufranne (Johann, un héraut).

Vincent d'Indy a dirigé l'ouvrage quatre fois.

15 janvier 1913.

ROMA

Opéra tragique en 5 actes.

Paroles d'Henri Cain.
Musique de Jules Massenet.
8 représentations.

Mmes Heldy (Fausta), de Georgis (Posthumia), Bérelly (Junia), Charney (la grande Vestale), Cambon (Galla).

MM. Darmel (Lentulus), Billot (Fabius), Grommen (Lucius), Bouilliez (Vestapor), Demarcy (Caïus), Danlée (un vieillard).

22 février 1913.

KAATJE

Poème lyrique en 3 actes.

Paroles d'Henri Cain.
Musique de Victor Buffin.
10 représentations.

MM. Girod (Jean), de Cléry (le père), Dognies (1er jeune homme), Demarcy (2e jeune homme).

Mmes Heldy (Kaatje), Charny (remplaçant Degeorgis grippée) (Pomona), Bardot (la mère), Symiane (la servante), Callemien (1re jeune fille), Gianini (2e jeune fille).

17 mars 1913.

LA FILLE DU FAR-WEST

Opéra en 3 actes.

Version française de Maurice Vaucaire.
Musique de Giacomo Puccini.
9 représentations.

Mmes Friché (Minnie), Bardot (Wouckle).

MM. Darmel (Johnson), Rouard (Rance), Dua (Hick), Grommen (Asby), Billot (Sonnora), Baldous (Castro), Ponzio (Jake Wallace), Delzara (Trin), Doguies (Harry), Dufranne (Happy), Demarcy (Larkens), Danlée (Billy), Borgers (Sid), Vinck (Joé), Debaud (Bello).

7 avril 1913.

PROSERPINE

Drame lyrique en 4 actes.

Paroles de Louis Gallet.
Musique de Camille Saint-Saëns.
5 représentations.

MM. Girod (Sabatino), de Cléry (Squarocca), Baldous (Renzo), Dua (Orlando), Demarcy (Ercole), Dufranne (Gil), Dognies (Flippo).

Mmes Béral (Proserpine), Bérelly (Angiola), Hègle (un courrier), Viceroy, Gianini et Autran (trois jeunes filles), Carli, Callemien et Bardot (trois novices), Hègle (une tourière).

17 avril 1913.

LE SPECTRE DE LA ROSE

Divertissement.

Adaptation de Vaudoyer,
d'après le poème de Th. Gautier,
à la musique de «L'Invitation à la Valse»
de Weber,
orchestrée par Berlioz.
4 représentations.

Mlles Cerny, Félyne Verbist.

1913-1914

Directeurs : Kufferath et Guidé.

Premiers chefs d'orchestre : Otto Lohse (en représentation), Corneil de Thoran, Georges Lauweryns.

Chef d'orchestre : Léon Van Hout.

Chef des chœurs : G. Steveniers.

Régisseur-général : E. Merle-Forest.

Régisseur de la scène : Picot.

Maître de ballet : F. Ambrosiny.

Régisseur de l'orchestre : Goffin.

Régisseur de ballet : J. Duchamps.

Régisseur des chœurs : J. Cancelier.

*

CHANTEUSES : Lucyle Panis, Angèle Pornot, Fanny Heldy, Rose de Georgis, Marthe Symiane, Henriette Lowell-Lucca, Alice Viceroy, Pauline Charney, Hélène Bardot, Kate Cambon, Denise Callemien, Gianini, Berthe Carli, Blanche Cuvelier, Berthe Somers, Maria Prick.

TENORS : Louis Girod, Eric Audouin, Arthur Darmel, Gabriel Martel, Octave Dua, Hector Dognies, Victor Caisso.

BARYTONS : Maurice de Cléry, Edouard Rouard, Léon Ponzio, Auguste Bouilliez, Gaston Demarcy, Louis Dufranne, Albert Goossens.

BASSES : Joseph Grommen, Etienne Billot, Henri Laskin, Charles Danlée, Joseph Bogaerts.

**

Ballet.

Danseurs : Ambrosiny, Duchamps.

Danseuses : Josette Cerny, Olga Ghione, Irma Legrand, Paulette Verdoot, Dora Jamet, Félyne Verbist, Rita Ghione.

Remplacée une fois pour maladie : Mlle Heldy par Mlle Alice Bérelly.

***

EN REPRESENTATION

Mmes Croiza, Kousnezoff, Clairmont, Vorska, Lyse Charny, Mottl-Fassbender, L. Hoffmann-Onegin, Kuhn-Brunner, David-Bischoff, K. Rohr, C. Rusche-Eudorf, Perard-Petzl, Francis Rose, Emmy Destinn, Cesbron, Plaschke von der Osten, Charbonnel, O. Band-Agloda, Raon-Wucherpfenning, E. Landshoff, von Bahr-Mildenburg.

MM. Hensel, Urlus, Tilmann-Liszewsky, R. von Scheidt, Rousselière, M. Gilmann, W. Soomer, M. Kraus, M. Martinelli, Dinh Gilly, H. Winckelshoff, F. Plaschke, C. Braun, P. Kuhn, M. Latterman, M. Zottmayer, K. Gentner, C. Giesen, Perron.

Le comité du commerce de Bruxelles :

6 octobre 1913 : La Fille du Far-West.

9 octobre 1913 : Aïda.

Avec Mme Emmy Destinn; MM. Giovanni Martinelli, Dinh Gilly.

Chef d'orchestre : Giorgio Polacco.

11 octobre 1913 : 500e de Carmen.

Semaine Strauss (en allemand) :

16 février 1914 : Concert.

18 février 1914 : Elektra.

20 février 1914 : Salomé.

Festival Wagner (en allemand) :

24 avril 1914 : Tannhäuser.

27 avril 1914 : Lohengrin.

30 avril 1914 : Tristan und Isolde.

4-5-7-9 mai 1914 : L'Anneau du Nibelung.

Chefs d'orchestre : Hermann Kutzsbach, Otto Lohse.

Ouverture : 4 septembre 1913, Les Huguenots.

Clôture : 3 mai 1914 : Paillasse (prologue), Faust (acte III), Manon (Saint-Sulpice), La Traviata (acte I), La Tosca (acte II), Les petits riens.

****

LES CREATIONS DE LA SAISON

17 octobre 1913.

LES JOYAUX DE LA MADONE

Drame lyrique en 3 actes.

Musique de Wolf Ferrari.
Adaptation française de René Lara.
8 représentations.

MM. Audouin (Gennaro), Rouard (Raphaël), Dua (Biaso), Dognies (Totonino), Demarcy (Rocco), Dufranne (Ciccello), Goosens (un marchand de macaroni).

Mmes Panis (Maliella), Bardot (Carmella), Viceroy (Stella), Callemien (Concetta), Gianini (Séréna), Carli (une marchande d'eau), Somers (une fleuriste).

28 octobre 1913.

ISTAR

Divertissement

sur les variations symphoniques de Vincent d'Indy.
Chorégraphie d'Ambrosiny.
7 représentations.

Mlles Cerny (Istar), Legrand (le Fils de la Vie).

8 novembre 1913.

VENISE

Opéra en 3 actes et 4 tableaux.

Orchestration de Léon Jehin.
Musique de Raoul Gunsbourg.
10 représentations.

Mmes Marie Kousnezoff (Nelly Harfield), Viceroy, Cuvelier, Somers, Prick.

MM. Rousselière (Jean Nérom), Ponzio (Mareuil), Demarcy, Dua, Dufranne, Valata, Vinck.

1er décembre 1913.

PENELOPE

Poème lyrique en 3 actes.

Paroles de René Fauchois.
Musique de Gabriel Fauré.
10 représentations.

MM. Darmel (Ulysse), Bouilliez (Eumée), Grommen (Pisandre), Dufranne (Antinoüs), Ponzio (Eurymaque), Dua (Léodès), Demarcy (Ctesippe), Prick (un pâtre).

Mmes Croiza (Pénélope), de Georgis (Euryclée), Cuvelier (Cléone), Fauvernier (Alkandre), Somers (Mélantho), Gianini (Lydie).

9 décembre 1913.

L'ENFANT PRODIGUE

Cantate en 1 acte.

Paroles de Quinaud.
Musique de Claude Debussy.
5 représentations.

Mlle Symiane (la mère).

MM. Billot (le père), Girod (l'enfant prodigue).

16 décembre 1913.

LA PHALENE

Légende chorégraphique en 1 acte.

Scénario de F. Ambrosiny.
Musique d'Auguste De Boeck.
5 représentations.

Mlles Cerny (la Phalène), O. Ghione (Muriel), Legrand (Ivonic), Verdoot Josine), Jamet (Aline), Verbist, R. Ghione,

M. Duchamps.

5 janvier 1914 :

PARSIFAL

Drame sacré en 3 actes.

Version française de Mme J. Gauthier et M. Maurice Kufferath.
35 représentations.

MM. Hensel (Parsifal), Rouard (Amfortas), Billot (Gurnemanz), Bouilliez (Klingsor), Dua (Titurel), Dognies (3e écuyer), Dufranne (4e écuyer), Goossens (1er chevalier), Demarcy (2e chevalier).

Mmes Panis (Kundry), Cuvelier (1er écuyer), Viceroy (2e écuyer), Viceroy, Carli, Cuvelier, Somers, Prick, d'Avanzi (les enchanteresses de Klingsor), R. Delvigne (le page du Graal).

2 février 1914.

LES PETITS RIENS

Ballet de Noverre (1778),
reconstitué par Ambrosiny.
Musique de W.-A. Mozart.
12 représentations.

Mlles Cerny (Colinette), O. Ghione (Flore), Legrand (Jacquot), Verdoot (la bergère), Verbist (le berger), la petite Bilterys (Cupidon), Van Camberg (une mendiante.

2 février 1914.

CACHAPRES

Drame lyrique en 3 actes et 5 tableaux.
Paroles de Camille Lemonnier
et Henri Cain.
Musique de Francis Casadesus.
4 représentations.

Mmes Heldy (Germaine), Symiane (Gadelette), Charney (Cougnole), Callemien (Célina), Cuvelier (une femme), Somers (1re servante), Prick (2e servante).

MM. Bouilliez (Cachaprès), Dufranne (Hubert Hayot), Grommen (Bastogne), Dognies (1er valet, un buveur, Deshayes), Goossens (2e valet, un paysan, Valeta), Demarcy (le paysan).

2 mars 1914.

LE TIMBRE D'ARGENT

Opéra fantastique en 8 tableaux.
Paroles de Michel Carré et Jules Barbier.
Musique de Camille Saint-Saëns.
3 représentations.

Nouvelle version (l'ancienne fut créée à la Monnaie le 18 février 1879).

Mlles Pornot (Hélène), Callemien (Rosa), Cerny (Circé-Fiametta).

MM. Girod (Conrad), de Cléry (Spiridion), Martel (Bénédict).

1918-1919

Directeur : Maurice Kufferath.
Co-directeur artistique : Corneil de Thoran.
Co-directeur administratif : J. Van Glabbeke.
Premiers chefs d'orchestre : Corneil de Thoran, Charles Strony.
Régisseur général : Pierre Chéreau.
Régisseur général-adjoint : Georges Dalman.
Régisseur de la scène : J. Coutelier.
Régisseur des chœurs : Deckers.
Chef des chœurs : G. Steveniers.
Régisseur de l'orchestre : Goffin.

*

CHANTEUSES : Alice Berelly, Blanche Cuvelier, Ghislaine Villiers, Gianini, Emma Luart, Prick, Talma, de Silvera, Cros, Abby Richardson, Despy, Merck, Suzanne Storga.

TENORS : Fernand Ansseau, Eric Audouin, Radoux, Paul Goffin, J. Coutelier, de Trévi, Hector Dognies, A. Farini, Paul Razavet, Maudier, Fraikin, Génicot.

BARYTONS : Henry Albers, Decock, Demarcy, Raoul de Lay, Allain, Closset, E. Servais, Maurice de Cléry, Roosen, G. Dalman, Carbelly.

BASSES : Lucien Van Obbergh, M. Chantraine, Joseph Grommen, Morello, Raidich.

**

Ballet.

Danseur : Sacha Sarkoff.
Danseuses : Josette Cerny, T. Amand, Yvonne Gey, G. Eyers, Constance Gozet.

***

EN REPRESENTATION

MM. H. Dufranne, Thomas Salignac, Lheureux, Campagnola, Rubeau, Dister.

Mmes Edvina, Wybauw-Detilleux, Isnardon.

Nota Bene. — Le théâtre de la Monnaie ayant rouvert le 21 décembre 1918 sans troupe complète, aucun tableau n'a été publié. Les artistes, mentionnés ci-dessus, sont renseignés au fur et à mesure de leur retour en Belgique et de leur « apparition » devant le public.

Ouverture : 21 décembre 1918, Paillasse, La Muette de Portici (duo), L'Hommage aux nations alliées.

Clôture : 30 juin 1919, Madame Butterfly, Les petits riens.

****

LES CREATIONS DE LA SAISON

28 mars 1919.

1914

Drame lyrique en 2 actes et 2 tableaux.

Paroles de Georges Garnir.

Musique de François Rasse.

5 représentations.

MM. Demarcy (le soldat), Grommen (le vieux), de Trévi (le sergent), Dognies (l'officier anglais).

Mmes Suzanne Storga (Thérèse), Richardson (la femme), Merck (la supérieure), Prick (le gamin), Despy (la gamine), Talma (l'infirmière), Gianini (la religieuse).

—•—

28 mars 1919.

VERS LA GLOIRE !

Ode dramatique en 5 tableaux.

Paroles

de Georges Garnir et Victor Lagye.

Musique de Léon Du Bois.

5 représentations.

Mme Wybauw-Detilleux (la Belgique).

MM. Farini (un soldat), Demarcy (un artisan).

M. Marcy (du Théâtre du Parc).

—•—

8 mai 1919.

MAROUF, SAVETIER DU CAIRE

Comédie lyrique en 3 actes.

Paroles de Mardrus et Népoty.

Musique d'Henry Rabaud.

18 représentations.

Mme Luart (la princesse Shaamcheddine), Richardson (Fattoumah).

MM. Salignac (Marouf), de Cléry (le vizir), Van Obbergh (le sultan), Servais (Ali), Farini (le fellah), Chantraine (le pâtissier), Dognies (le marchand), Decock, Raidich, Prevers, Cambien, Dolman, Coutelier, Peeters.

—•—

26 mai 1919.

UN SONGE DE NUIT D'ETE

Traduction nouvelle de Paul Spaak, en 5 actes

de la célèbre fantaisie

de William Shakespeare

Musique de Mendelssohn.

10 représentations.

Par la troupe du Théâtre royal du Parc.

Ballet, chœurs et orchestre de la Monnaie.

Mlles Despy et Prick (les sylphes).

LE SOIR

édaction : Place de Louvain, 23
dministration ; Place de Louvain 29

Chaque jour de 10 à 16 pages
SALLE DE DÉPÊCHES ; RUE ROYALE, 124, BRUXELLES

Paris : 11, Place de la Bourse, 11
Londres : 69, Fleet Street, E. C. 4

FILS SPÉCIAUX AVEC PARIS & LONDRES

ABONNEMENTS :			
Agglomération bruxelloise .		Par mois	6. —
Province	Pour la province on s'abonne à la poste	3 mois	18. —
		6 mois	36. —
		1 an	72. —
Congo belge.		1 an	80. —
Etranger : Prix suivant conventions postales.			

TIRAGE MOYEN DE MAI 1926 **238.169 par jour ; 112.628 abonnés**

TÉLÉPHONES	
ADMINISTRATION . .	239,70
RÉDACTION :	23971, à 239,74
IMPRIMERIE	239,75
ANNONCES .	239,76 -239,77

LES SERVICES DU " SOIR „

LE SOIR imprime chaque jour quatre éditions.

LE SOIR publie chaque jour, sous la rubrique « Tribune libre », un article politique dû à la plume d'un leader : MM. Albert Devèze, H. Carton de Wiart, Jules Destrée, Paul Tschoffen, Diderich (Luxembourg), Mme L. Van den Plas, Birnbaum-Coens, Burniaux : des chroniques signées par les meilleurs de nos écrivains : Mlle Marguerite Van de Wiele, MM. G. Rency, Isi Collin, Arthur De Rudder, Paul Tinel, Lucien Christophe, Richard Dupierreux, M. Gauchez, R. Vivier, Candide, Piccolo, Pierre Daye, etc.

Ses services parisiens comprennent quotidiennement un bulletin politique de M. Roland de Marès, des notes parisiennes de M. Jean Bernard, des informations de M. de Gobart, etc.

La rédaction parisienne du SOIR compte en outre MM. F. Divoire (les livres), M. F. Le Borne (la musique), M. Paul Demasy (le théâtre), M. Et. Fournol (le mouvement des idées), M. Raiwez (informations), M. Ch. Joly (les sports), M. Oriol (chronique judiciaire).

Vidi, Bersard, Paul Adam, tiennent les lecteurs du SOIR au courant de ce qui se passe en Allemagne, en Italie, en Suisse, etc.

Les services avec Londres sont assurés par Kim et Tom Beckett (service télégraphique).

La rédaction du SOIR est reliée directement, par fils spéciaux, à Paris et à Londres.

Le lecteur du SOIR, quelle que soit l'édition qu'il choisisse, est donc renseigné vite et bien sur toute chose : politique, littérature, arts, sciences, sports, élevage, industrie, finance, etc.

En politique intérieure, le lecteur du SOIR est le seul qui puisse se tenir au courant du mouvement des partis par des articles où, tour à tour, les leaders de la Tribune libre exposent et défendent en toute liberté les principes catholiques, libéraux, socialistes et féministes.

En outre, le SOIR s'est depuis longtemps assuré la collaboration de spécialistes et de techniciens, qui renseignent le lecteur sur toutes les nouveautés du domaine intellectuel et matériel, passant en revue les faits et les idées.

Le tout est complété tous les jours par une demi-page d'illustrations d'actualité et de nombreuses illustrations dans le texte.

LES QUATRE ÉDITIONS DU " SOIR „

LA PREMIÈRE ÉDITION CONTIENT, outre les renseignements fournis par l'agence Belga, tous les faits saillants enregistrés à Londres et à Paris, et qui lui sont transmis par ses fils spéciaux. Elle paraît à 14 h. 30, donne également un bulletin de la Bourse de Bruxelles, les cours d'ouverture de la Bourse de Paris les cours des changes à Paris et à Londres.

DANS LA DEUXIÈME ÉDITION, paraissant à 17 h. 30, le lecteur trouve un compte rendu des débats parlementaires de Belgique et de France et la plus grande partie des résultats sportifs de la journée, la cote de la Bourse de Bruxelles, de Paris et de Londres, les marchés d'Anvers et de la province.

DANS LA TROISIÈME ÉDITION, paraissant à 18 h. 30, on trouve le compte rendu complet des débats parlementaires et les résultats complets de la journée sportive.

L'ÉDITION DE NUIT (4me ÉDITION) est spécialement destinée à la province. Elle rend compte, grâce à nos fils spéciaux, de tous les événements marquants qui se sont produits dans le monde entier pendant les dernières heures de la journée.

Suivant l'heure d'arrivée des trains dans les différentes localités, les vendeurs de province reçoivent la dernière édition parue, qu'ils remettent aussitôt à leurs clients.

1919-1920

Directeur : Maurice Kufferath (décédé à Uccle 8 décembre 1919).
Co-directeur artistique : Corneil de Thoran.
Co-directeur administratif : J. Van Glabbeke.
Régisseur général : Pierre Chéreau.
Régisseur général- adjoint : Georges Dalman.
Régisseur de la scène : Jean Coutelier.
Régisseur des chœurs : Deckers.
Maître de ballet : François Ambrosiny.
Chef des chœurs : G. Steveniers.
Premiers chefs d'orchestre : Charles Strony, Maurice Bastin.
Chef d'orchestre : Auguste Andelhof.
Secrétaire de la direction : James Thiriar.
Régisseur de l'orchestre : Goffin.

*

TENORS : E. Thomas-Salignac, E. Audouin, F. Ansseau, P. Razavet, H. Dognies, A. Farini, L. Maudier, J. Coutelier.

BARYTONS : Maurice de Cléry, L. Roosen, G. Demarcy, M. Vaurs, E. Servais, A. Alain, J. Decock, G. Dalman.

BASSES : J. Grommen, L. Van Obbergh, M. Chautraine, J. Morello, H. Raidich.
SOPRANI : L. Bergé, H. Gellaz, E. Luart, R. Helbronner, A. Bérelly, B. Cuvelier, L. Despy, M. Prick, Béhon (15 septembre), Pire (avril).

MEZZO-SOPRANI : Abby Richardson, A. Grialys, Terka Lyon, M. Gianini, H. Merck, A. Talma.

**

Ballet.

Danseur : Sacha Sarkoff.
Danseuses : J. Cerny, F. Verbist, T. Amand, G. Eyers, P. Hansens, R. Delvigne, A. Doyen, C. Gozet, Ph. Laffineur.

***

EN REPRESENTATION

Mmes Edvina, Croiza.
MM. Marius Verdier (à partir du 29 mai : après le départ d'Ansseau), Carrère.
M. Wolff (pour diriger « L'Oiseau bleu »).
8 janvier 1920 : 125e de Louise.
1 février 1920 : 900e de Faust.
4 février 1920 : 50e de Marouf, savetier du Caire.
6 juin 1920 : 100e de Paillasse.
13 juin 1920 : 100e de Werther.

Ouverture : 1 août 1919, Roméo et Juliette.
Clôture : 30 juin 1920, Marouf, savetier du Caire.

****

LES CREATIONS DE LA SAISON

1er septembre 1919.

SHEHERAZADE

Conte dramatique des «Mille et une Nuits»
Scénario de Michel Fokine et Bakst.
Musique de Rimsky-Korsakow.
17 représentations.

Mlles Cerny (la princesse Zobéïdah), Amand (Zaimé), Eyers (Djeli), Hansens et Darms (deux Persans), Delvigne, Gozet, Laffineur, Doyen (quatre almées), Richard, Hansens, Bosquet, Cravillon (quatre odalisques).
MM. Ambrosiny (le chef des eunuques), Sarkoff (Ingo), Duchamps (Shabriar).

—•—

20 octobre 1919.

L'INVASION

Drame lyrique en 4 actes.
Paroles de Mme Ronvaux et M. Paul Max.
Musique de F. Brumagne.
10 représentations.

MM. Audouin (Jean), Roosen (Lebon), Demarcy (Franz), Chantraine (le curé), Dalman (Kreip), Dognies (le marqueur).
Mmes Gellaz (Marie), Terka Lyon (Marthe), Richardson (Dommel), Béhon (une folle).

4 décembre 1919.

APHRODITE

Drame musical en 6 tableaux.

Paroles de Louis de Gramont.

Musique de Camille Erlanger.

18 représentations.

MM. Audouin (Démétrius), Vaurs (Timon), Farini (Philodème), Raidich (le grand prêtre), Decock (Callidès), Chantraine (le geôlier).

Mmes Helbronner (Chrysis), Grialys (Bacchis), Despy (Myrto), Terka Lyon (Rhodis), Richardson (Chimairis), Van Obbergh (Séso), Prick (Moussarion), Gianini (Tryphera), Merck (Philotis), Béhon (Corinna).

Mlle Félyne Verbist (Théano).

21 avril 1920.

L'OISEAU BLEU

Féeric lyrique en 7 tableaux.

Paroles de Maurice Maeterlinck.

Musique d'Albert Wolff.

12 représentations.

Mmes Luart (Tyltyl), Despy (Mytyl), Richardson (la fée, Mme Berlingot), Berely (la chatte), Gianini (l'eau, la joie d'être juste), Béhon (le lait), Terka-Lyon (la lumière), Helbronner (la mère Tyl, l'amour maternel), Grialys (grand' maman Tyl), Gellaz (la nuit), Pire (le chef des bonheurs), Prick (la joie de comprendre), Merck (la joie de voir ce qui est beau), Baratto (la petite fille).

MM. Dalman (le feu), Decock (le chien), Raidich (le pain), Hyacinthe (le sucre), Chantraine (le père Tyl), Grommen (grand papa Tyl).

1920-1921

Directeurs : Corneil de Thoran, J. Van Glabbeke et Paul Spaak.
Régisseur général : Pierre Chéreau.
Maître de ballet : F. Ambrosiny.
Régisseur général-adjoint : G. Dalman.
Chef des chœurs : G. Steveniers.
Régisseur de la scène : Jean Coutelier.
Régisseur des chœurs : Deckers.
Premier chef d'orchestre : François Ruhlmann.
Chefs d'orchestre : Charles Strony, Maurice Bastin, A. Andelhof.
Dessinateur (costumes) : James Thiriar.

*

SOPRANI : L. Bergé, G. Luart, R. Helbronner, M. Purnode, L. Gelly, A. Bérelly, M. Frick, A. Pire, F[lle] Mally, M. Dechesne, R. Blondeau.

MEZZO-SOPRANI : Abby Richardson, L. Berya, Terka-Lyon, M. Gianini, Y. Mercky, G. Daryse, G. Maréchal (engagée en fin de saison).

TENORS : V. Granier, E. Audouin, P. Razavet, D. Devriès, R. Delannoy, H. Dognies, L. Maudier, P. Arnaud, J. Coutelier.

BARYTONS : Maurice de Cléry, L. Roosen, E. Servais, C. Charmat, A. Boyer, J. Decock, F. Smeets, G. Dalman.

BASSES : J. Grommen, L. Van Obbergh, M. Chantraine, H. Raidich.

**

Ballet.

Danseur : Sacha Sarkoff.

Danseuses : F. Verbist, T. Amand, G. Eyers, C. Gozet, P. Hansens, P. Laffineur (décédée le 22 août 1920).

***

EN REPRESENTATION

Mme Yvonne de Tréville.

MM. Huberty, Noté, Arthur Descamps (juin).

13 avril 1921 : Gala de la Presse, La Fille de Madame Angot. Recette brute : 148,700 francs.

Ouverture : 1 août 1920, Manon.
Clôture : 30 juin 1921, Les Noces de Figaro.

****

LES CREATIONS DE LA SAISON

12 novembre 1920.

THYL UYLENSPIEGEL
Nouvelle version :
Drame lyrique en 3 actes et 4 tableaux.
Paroles de Henri Cain et Lucien Solvay.
Musique de Jan Blockx.
(achevée par Auguste De Boeck.)
7 représentations.

MM. David Devriès (Thyl Uylenspiegel), Van Obbergh (Lamme Goedsack), Roosen (Vargas), Boyer (Claes), Maudier (Josse Damman), Smeets (premier officier), Dalman (deuxième officier), Vanden Eynde (un soldat).

Mmes Lina Gelly (Nelle), Luce Bérya (Soetkin), Merky (Katheline).

—•—

23 novembre 1920.

LE DIABLE GALANT
Légende chorégraphique en 1 acte et 2 tableaux.
Scénario de Maurice Chassaing.
Musique de Louis Delune.
14 représentations.

Mlles Verbist (Lizzie), Darms (Patrick), Eyers (Betty), Gozet (Katty), Hansens (la mère Stewart).

MM. Sarkoff (Old William), Duchamps (le père Stewart), Roux (le pasteur).

—•—

17 décembre 1920.

FALSTAFF
Comédie lyrique en 3 actes et 6 tableaux.
Paroles d'Ariggo-Boïto et Paul Solanges.
Musique de Verdi.
25 représentations.

MM. Huberty (Falstaff), Charmat (maître Ford), Razavet (Fenton), Dognies (Caïus), Boyer et Maudier (deux ivrognes).

Mmes Helbronner (mistress Ford), Richardson (mistress Quickly), Terka-Lyon (mistress Page), Emma Luart (Nanette Ford).

27 janvier 1921.

L'HEURE ESPAGNOLE
Comédie lyrique en 1 acte.
Paroles de Franc-Nohain.
Musique de Maurice Ravel.
12 représentations.

Mlle Terka Lyon (Conception).

MM. Armand (Gonzalve), Dognies (Torquemada), Charmat (Ramero), Boyer (don Inigo Gomez).

—•—

13 avril 1921.

Première à la Monnaie.

LA FILLE DE MADAME ANGOT
Opérette en 3 actes.
Paroles de Clairville,
Siraudin et Victor Koning.
Musique de Ch. Lecocq.
16 représentations.

Mmes Luart (Clairette), Terka Lyon (Mlle Lange), Daryse (Amaranthe), Mercky (Javotte, Hersilie), Prick (Thérèse, Herbelin), Dechesne (Babet), Maréchal (Cydalise), Blondeau (Delaunay).

MM. Razavet (Ange Pitou), Arnaud (Pomponnet), Boyer (Larivaudière), Raidich (Louchard), Dognies (Trénitz), Dalman (Cadet, un officier), Smeets (Buteux), Coutelier (Guillaume), Deckers (un cabaretier), Prévers (un incroyable).

L'ouvrage fut créé à l'Alcazar de Bruxelles : 4 décembre 1872.

—•—

14 avril 1921.

L'OISEAU DE PARADIS
Ballet sur les danses de Chopin.
par Ambrosiny.
1 représentation.

Mlles Verbist, Bella, Gozet, Delvigne, Eyers.

M. Sarkoff.

—•—

10 juin 1921.

LA PERI
Légende chorégraphique en 1 acte.
Musique de Paul Dukas.
4 représentations.

Mlle Verbist (la fée).

M. Sarkoff (le poète).

1921-1922

Directeurs : Corneil de Thoran, Jean Van Glabbeke et Paul Spaak.
Directeur de la scène : Pierre Chéreau.
Maître de ballet : François Ambrosiny.
Régisseur général-adjoint : Georges Dalman.
Régisseur de la scène : J. Coutelier.
Régisseur des chœurs : F. Deckers.
Régisseur du ballet : H. Peeters.
Premiers chefs d'orchestre : François Ruhlmann, Maurice Bastin.
Chefs d'orchestre : Auguste Andelhof, Léon Molle (juin).
Chef des chœurs : G. Steveniers.
Artiste dessinateur (costumes) : James Thiriar.

*

SOPRANI : L. Bergé, E. Luart, R. Helbronner, L. Berthrand, Flo Mally, M. Prick, M. Dechesne, R. Blondeau, Elise Wothier.

MEZZO-SOPRANI : Abby Richardson, Terka Lyon, Simone Ballard, G. Daryse, G. Maréchal.

TENORS : P. Razavet, A. Descamps, A. Perret, H. Dognies, L. Maudier, P. Arnaud, J. Delaxe, J. Coutelier.

BARYTONS : Maurice de Cléry, L. Roosen, C. Charmat, M. Carrié, A. Boyer, J. Decock, F. Smeets, G. Dalman.

BASSES : L. Van Obbergh, J. Arnal, M. Chantraine, H. Raidich.

**

Ballet.

Danseur : Louis-C. Sémioff.

Danseuses : F. Verbist, B. Darms, G. Eyers, C. Gozet, R. Delvigne, P. Hansens, Richard, Devally.

***

EN REPRESENTATION

MM. Fernand Ansseau, Jean Noté, E.-Thomas Salignac.

Ouverture : 1 août 1921, Hérodiade.
Clôture : 30 juin 1922, Marouf, savetier du Caire.

****

LES CREATIONS DE LA SAISON

7 octobre 1921.

LA FILLE DE ROLAND
Tragédie musicale en 4 actes.
Paroles de Paul Ferrier.
Musique d'Henri Rabaud.
12 représentations.

MM. Perret (Gérald), Arnal (Charlemagne), Carrié (Amaury-Ganelon), Maudier (Ragenhardt), Decock (le duc Nayme), Chantraine (Radbert), Smeets (Hardré).
Mmes Helbronner (Berthe), Prick et Daryse (deux travestis).

---

12 décembre 1921.

BORIS GODOUNOW
Drame musical en 4 actes et 9 tableaux.
d'après Pouchkine.
Musique de Modeste Moussorgsky.
(Orchestration corrigée de Rimsky-Korsakow.)
28 représentations.

MM. Arnal (Boris Godounow), Perret (Dimitri), Boyer (Varlaam), Van Obbergh (Rangoni), Chantraine, Arnaud, Maudier, Dognies, Decock, Raidich, Delaxe, Smeets.
Mmes Bergé (Marina), Richardson (une hôtesse), Prick, Dechesne, Ballard.

---

5 janvier 1922.

GIANNI SCHICCHI
Opéra bouffe en 1 acte.
Musique de Giacomo Puccini.
15 représentations.

Mmes Richardson (la Zita), Terka Lyon (la Ciesca), Flo Mally (Laurette), Prick (Nella).

MM. Van Obbergh (Gianni Schicchi), Descamps (Rinuccio), Maudier (Gherardo), Smeets (Simone), Boyer (di Nicolao), Chantraine (Spinellocio), Dalman (Niarco), Raidich (Betto), Delaxe (Pinellino), Coutelier (Guccio), la petite Govaert (Gherardino).

9 mars 1922.

OLIVIER LE SIMPLE

Drame musical en 3 actes et 6 tableaux.

Paroles de Jules Delacre.

Musique de Victor Vreuls.

7 représentations.

MM. Descamps (Olivier), Van Obbergh (Renaud), Chantraine (le prieur).

Mmes Bergé (Pandosia), Flo Mally (Aude), Ballard (la mère).

1922-1923

Directeurs : Corneil de Thoran, Jean Van Glabbeke, Paul Spaak.

Régisseur Général : Georges Dalman.

Maître de ballet : François Ambrosiny.

Régisseurs de la scène : Jean Coutelier, François Deckers.

Régisseur de ballet : Henri Peeters.

Premiers chefs d'orchestre : Maurice Bastin, Léon Molle.

Chef d'orchestre : Auguste Andelhof.

Chef des chœurs : G. Steveniers.

Artiste dessinateur : James Thiriar.

*

SOPRANI : L. Bergé, L. Berthraud, Terka Lyon, V. Bovy, M. Soyer, M. Prick, R. Blondeau, N. Cévine.

MEZZO-SOPRANI : Ch. Dalmas, S. Ballard, G. Daryse, G. Maréchal.

TENORS : P. Razavet, A. Descamps, A. Perret, A. Burdino, H. Dognies, L. Maudier, P. Arnaud, J. Delaxe, J. Coutelier.

BARYTONS : M. de Cléry, L. Roosen, C. Charmat, A. Boyer, J. Decock, F. Smeets, A. Goossens.

BASSES : L. Van Obbergh, H. Espirac, M. Chantraine, H. Raidich.

**

Ballet.

Danseur : de Ghistelles.

Danseuses : F. Verbist, Tylda Amand, B. Darms, G. Eyers, C. Gozet, R. Delvigne, P. Hansens, de Vally.

***

EN REPRESENTATION

MM. E. Thomas Salignac, Fernand Ansseau, Bourbon, Murray-Davey (Boris Godounow).

Mme Emma Luart.

Remplacé une fois pour maladie :

M. Roosen par M. Raoul de Lay.

Ouverture : 1er août 1922, Faust.

Clôture : 30 juin 1923, Manon.

29 septembre 1922 : 150e de Madame Butterfly.

9 novembre 1922 : 75e de Hopjes et Hopjes.

14 avril 1923 : Matinée pour les adieux à la scène de M. Maurice de Cléry.

****

LES CREATIONS DE LA SAISON

10 novembre 1922.

ANTAR

Conte héroïque en 4 actes et 5 tableaux.

Paroles de Chekri Ganem.

Musique de Gabriel.

12 représentations.

MM. Perret (Antar), Roosen (Cheyboub), Espirac (Malek), Decock (Amarat),

Maudier (Zobéir), Chantraine (un vieux berger), Dognies (premier berger), Smeets (deuxième berger).

Mmes Soyer (Abla), Ballard (la mère d'Antar), Dalmas (Selma), Blondeau (Léïla), Cévine (Neda).

16 novembre 1922.

FETE RUTHENE

Divertissement chorégraphique

de François Ambrosiny.

sur danses tchèques de Dvorak.

5 représentations.

Mlles Félyne Verbist, Amand, Bella Darms, Eyers, Gozet, Delvigne.

M. de Ghistelles.

21 décembre 1922.

REBECCA

Poème biblique

de César Franck.

4 représentations.

Mme Soyer (Rebecca).

M. Van Obbergh (Eliézer).

8 février 1923.

COSI FAN TUTTE

Opéra bouffe en 2 actes et 5 tableaux.

Paroles de Michel Carré et Jules Barbier.

Musique de Mozart.

14 représentations.

Mmes Lucy Berthrand (Fleurdelise), Vina Bovy (Dorabelle), Terka Lyon (Delphine).

MM. Razavet (Fernand), Charmat (Guillaume), Van Obbergh (Don Alphonse).

28 mars 1923.

LA VICTOIRE

Tragédie lyrique en 4 actes.

Paroles de Louis Payen et Henri Caïn.

Musique d'Albert Dupuis.

6 représentations.

MM. Perret (Acristos), Roosen (Démias), Espirac (Eupater), Decock (Pratinias), Smeets (l'envoyé de Sparte).

Mmes Bergé (Erryna), Prick (Céphyse), Maréchal (Dione).

12 avril 1923.

LA VIE BREVE

Drame lyrique en 4 tableaux.

Version française de Paul Milliet.

Musique de Manuel de Falla.

9 représentations.

Mmes Soyer (Salud), Ballard, Dalmas.

MM. Descamps (Paco), Chantraine, Smeets.

1923-1924

Directeurs : Corneil de Thoran, Jean Van Glabbeke, Paul Spaak.

Régisseur général : Georges Dalman.

Maître de ballet : François Ambrosiny.

Régisseurs de la scène : Jean Coutelier, François Deckers.

Régisseur de ballet : Henri Peeters.

Premiers chefs d'orchestre : Maurice Bastin, Léon Molle.

Chef d'orchestre : Auguste Andelhof.

Chef des chœurs : Guillaume Steveniers.

Artiste dessinateur : James Thiriar.

SOPRANI : Laure Bergé, Lucy Berthrand, Terka Lyon, Vina Bovy, Marguerite Soyer, M. Prick, R. Blondeau, R. Laudy, M. Farrère.

MEZZO-SOPRANI : Charlotte Dalmas, S. Ballard, G. Daryse, G. Maréchal, L. Mertens.

TENORS : P. Razavet, A. Descamps, A. Perret, M. Claudel, H. Dognies, L.Maudier, P. Arnaud, J. Coutelier.

BARYTONS : L. Roosen, C. Charmat, A.

Boyer, J. Decock, F. Smeets, L. Destrée.

BASSES : M. Chantraine, H. Raidich, L. Richard, M. Marcelly.

**

Ballet.

Danseur : E. De Ghistelles.

Danseuses : Germaine d'Astra, Julia Alexieff, Bella Darms, G. Eyers, C. Gozet, R. Delvigne, J. de Vally, P. Hansens.

***

EN REPRESENTATION

Mmes Germaine Bailac, Emma Luart, Paulette Radino, Hilda Roosevelt, Rose Helbronner, Suzanne Cesbron-Viseur, Mireille Berthon, Abby Richardson, Jeanne Myrtale, Yvonne Andry, Marguerite Sylva, Yvonne Gall, Jane Lefer.

Mme Janine Klotza (1 août-15 septembre 1923).

MM. Paul Wiedemann (trois mois), Dimitri Smirnoff, Fernand Ansseau, Burdino.

Septembre 1923 : M. Théo Notorange, violoncelliste à la Monnaie depuis cinquante ans, prend sa retraite.

Mars 1924 : Mort de Léopold Daniels, chef de chant.

14-15-20-21 mai 1924 : Le Martyre de St-Sébastien, mystère de G. d'Annunzio, musique de Claude Debussy, avec Ida Rubinstein (orchestre et chœurs de la Monnaie).

10 mai 1924 : « Coppélia » en l'honneur de François Ambrosiny, vingt-cinq ans attaché à la Monnaie

Ouverture : 1 août 1923, Mignon.
Clôture : 30 juin 1924, Samson et Dalila.

—•—

LES CREATIONS DE LA SAISON

9 novembre 1923.

FRANCESCA DA RIMINI
Drame lyrique en 4 actes.
Poème de Gabriele d'Annunzio,
Version française de Maurice Vaucaire.
Musique de Ricardo Zandonaï.
25 représentations.

Mmes Soyer (Francesca), Berthrand (Samaritana), Farrère, Blondeau, Maréchal, Landy (les quatre « donzelles »), Mertens (l'esclave).

MM. Razavet (Paolo le Bel), Roosen (Gianciotto), Claudel (Malatestino le Borgne), Maudier, Smeets, Prevers, Destrée.

—•—

21 décembre 1923.

UN SONGE D'UNE NUIT D'HIVER
Opéra en 2 actes.
Version française de Gustave Lagye.
Musique d'Auguste De Boeck.
6 représentations.

Mmes Bovy (princesse Aurore), Dalmas (la sorcière Hulotte), Landy (Freya).

MM. Razavet (chevalier Printemps), Decock (roi Frimas).

—•—

21 décembre 1923.

QUAND LA CLOCHE SONNERA
Tragédie lyrique en 1 acte.
Paroles d'Hansewick et P. de Wattyne.
Musique d'Alfred Bachelet.
7 représentations.

Mlle Soyer (Manoutchka).

M. Descamps (Yascha), Marcelly (Akimitch).

—•—

14 février 1924.

THOMAS L'AGNELET, GENTILHOMME DE FORTUNE
Roman lyrique en 4 actes.
Paroles de Claude Farrère.
Musique de Léon Jongen.
8 représentations.

MM. Roosen (Thomas Trublet, dit l'Agnelet), Charmat (chevalier Danican), Raidich, Boyer, Destrée, Vinck (sieur de la Tremblaye, Julien Gravé, François-Pierre le Picard, Jean Gaultier, bourgeois de vaisseaux), Marcelly (Vincent Kerdoncuff), Maudier (Louis Guenolé, Arnaud (Lorédano le Vénitien), Smeets (Red Beard), Dognies, Decock (l'aventurier d'Oléron, l'aventurier de Dieppe, flibustiers), Chantraine (Malo Trublet), Smeets (le lieutenant du Roy).

Mmes Bergé (Juana), Ballard (la Chien-Perdu), Dalmas (Mary Rackam; remplacée au pied levé par Mlle Mertens), Laudy (Anne-Marie Kerdoncuff), Daryse (une mulâtresse), Cantillon, Bloumensson (deux femmes malouines).

MM. Maudier (un matelot de hune), Dognies (le guetteur des remparts), Decock (un prêtre), Prévers (un manant), Van Loock (un vieux), Du Roy, Deckers (deux frères).

Mlles Gozet, Delvigne (deux mulâtresses).

17 mars 1924.

KADDARA

Drame groenlandais
en 4 actes et 5 tableaux.

Paroles de C. Norman-Hansen.
Version française de Paul Spaak.
Musique de Hakon Börresen.

13 représentations.

MM. Wiedemann (Ouïarak), Marcelly (le vieux père), Decock (un pêcheur), Chantraine (Angekokken, le sorcier).

Mmes Soyer (Kaddara), Blondeau (une jeune Groenlandaise), Ballard (la sorcière Toulouvatta), Terka Lyon (Announa).

1924-1925

Directeurs : Corneil de Thoran, Jean Van Glabbeke, Paul Spaak.

Régisseur général : Georges Dalman.

Maître de ballet : François Ambrosiny.

Régisseurs de la scène : Jean Coutelier, François Deckers.

Régisseur de ballet : Henri Peeters.

Premiers chefs d'orchestre : Maurice Bastin, Léon Molle.

Chef d'orchestre : Auguste Andelhof.

Chef des chœurs : Guillaume Steveniers.

Artiste dessinateur : James Thiriar.

*

SOPRANI : Laure Bergé, Vina Bovy, M. Soyer, Andrée Cortot, C. Clairbert, M. Prick, R. Blondeau, R. Laudy, M. Farrère.

MEZZO-SOPRANI : S. Ballard, Y. Andry, Livine Mertens, G. Daryse, G. Maréchal, M. Gerday.

TENORS : Charles Fontaine, Ivan Rogatchewsky, A. Burdino, Emile Gallins, M. Claudel, H. Dognies, L. Maudier, P. Arnaud, J. Coutelier.

BARYTONS : L. Roosen, E. Tilkin-Servais, E. Colonne, A. Boyer, J. Decock, F. Smeets, L. Destrée.

BASSES : L. Van Obbergh, L. Richard. M. Chantraine, H. Raidich.

**

Ballet.

Danseur : E. de Ghistelles.

Danseuses : Germaine d'Astra, Germaine Lange, Bella Darms, G. Eyers, C. Gozet, R. Delvigne, J. de Vally, P. Hansens.

***

EN REPRESENTATION

MM. Joseph Hislop, Roselly, Vanni-Marcoux, Charles Friant, Fernand Ansseau.

Mmes Ritter-Ciampi, Andrée Grialys, Courso, Lise Charny.

Remplacée une fois pour maladie :
Mme Andry par Mlle Christiane.

Août 1924 : Michel Pauwels fête son cinquantième anniversaire comme électricien à la Monnaie.

Octobre 1924 : Mlle Laure Bergé épouse M. James Thiriar.

26 novembre 1924 : 1000e de Faust (acte de l'église, l'« Ave Maria » par toutes les dames artistes).

20 mai 1925 : 100e de Les Maîtres Chanteurs de Nuremberg.

Ouverture : 1 août 1924, Aïda.

Clôture : 30 juin 1925, La Traviata, Une fête chez la Tallien.

****

LES CREATIONS DE LA SAISON

19 septembre 1924.

LA MASCARADE DES PRINCESSES CAPTIVES

Scénario d'Henry Prunières.
Musique de Francesco Malipiero.
10 représentations.

Mlles D'Astra, Lange, Darms.

—•—

14 novembre 1924.

LE PRINCE IGOR

Opéra en 6 tableaux.

Musique de Borodine
complétée et mise au point
par Rimsky-Korsakoff et Glazounow.
29 représentations.

Mmes Soyer (Jaroslavna), Mertens, Blondeau, Gerday.

MM. Roosen (Igor), Van Obbergh (Galitsky), Rogatchewsky (Vladimir), Maudier (Erochka), Boyer, Arnaud (Ovlour), Richard (Kontchak).

—•—

12 janvier 1925.

L'APPEL DE LA MER

Drame lyrique en 1 acte.

D'après John Millington Synge.
Version française et musique
de Henry Rabaud.
8 représentations.

Mmes Ballard (Maurya), Cortot (Cathleen), Andry (Nora), Maréchal (une femme).

MM. Colonne (Bartley), Vanden Eynde (un vieillard), Destrée (un autre homme).

—•—

12 janvier 1925.

LA FOIRE DE SOROTCHINTZI

Opéra comique en 3 actes.

D'après la nouvelle de Gogol.
Livret et musique de Moussorgski,
Achevé par Cui,
Puis réinstrumenté par Tcherepnine.
10 représentations.

Mmes Bovy (Parassia), Ballard (Khivria).

MM. Burdino (Gritzko), Van Obbergh (Tchérévik), Claudel (le fils du pope), Boyer (le compère), Raidich (le tzigane), Dognies (premier convive), Deckers (deuxième convive), Destrée (troisième convive).

—•—

12 février 1925.

LE PARAVENT CHINOIS

Pantomime dansée en 1 acte.

Musique de Guido Sommi.
10 représentations.

Mlles Germaine d'Astra, Bella Darms, Germaine Lange, Gozet, Delvigne, de Vally, P. Hanssens.

MM. Peeters, Roegiers, Cramers, Crabs.

—•—

22 avril 1925.

UNE SOIREE CHEZ Mme TALLIEN

Ballet en 1 acte.

Scénario de François Ambrosiny.
Musique d'Eugène Saeys.
5 représentations.

Mlles Germaine d'Astra, Constance Gozet, Rose Delvigne, Bella Darms, Germaine Lange, Germaine Eyers, de Vally, P. Hanssens.

MM. Duchamps, Ambrosiny, Edgard de Ghistelles.

1925-1926

Directeurs : Corneil de Thoran, Jean Van Glabbeke, Paul Spaak.
Régisseur général : Georges Dalman.
Maître de ballet : François Ambrosiny.
Régisseurs de la scène : Jean Coutelier, François Deckers.
Régisseur du ballet : Henri Peeters.
Premiers chefs d'orchestre : Maurice Bastin, Léon Molle.
Chef d'orchestre : Auguste Andelhof.
Chef des chœurs : Guillaume Stéveniers.
Chefs de chant : Emile Nicolay (25e année), Georges Mertens (24e année), Fernand Brumagne (6e année), Auguste Ardenois (2e année).
Artiste dessinateur : James Thiriar.
Contrôleur général : Jean Cloetens.
Chefs électriciens : A. Supli-T. Supli (26e année), François Dejode (43e année).

*

SOPRANI : Laure Bergé, H. Smirnova, C. Clairbert, A. Talifert, Lina Bianchini (novembre), M. Prick, R. Blondeau, R. Laudy, R. de Carlez.

MEZZO-SOPRANI : S. Ballard, Y. Andry, L. Mertens, G. Maréchal, M. Gerday, J. Maubourg (pas venue).

TENORS : J. Rogatchewsky, E. Gallins, M. Claudel, E. Blaimont, R. Girard, V. Verteneuil, H. Dognies, L. Maudier, P. Arnaud.

BARYTONS : L. Roosen, J.-Ch. Thomas, E. Colonne, A. Boyer, J. Decock, L. Destrée, J. Salès.

BASSES : L. Van Obbergh, L. Richard, M. Chantraine, H. Raidich, M. Demoulin.

**

Ballet.

Danseur : E. de Ghistelles.
Danseuses : G. d'Astra, G. Lange, Bella Darms, G. Eyers, C. Gozet, R. Delvigne, J. de Vally, P. Hansens.

***

EN REPRESENTATION

MM. J. Hislop, Fernand Ansseau, Jacques Urlus, Paul Franz, Jean Bourbon.

Mme Marguerite Carmel.

Pour maladie : MM. Yché, Guis et Ferdi Béro remplacent M. E. Blaimont.

Ouverture : 1er août 1925, Hérodiade.

Clôture : 30 juin 1926, Manon.

Janvier 1926 : Mort de Massay, flûtiste de l'orchestre.

Janvier 1926 : Mort de Mme Deckers-Duquesne, des chœurs.

****

LES CREATIONS DE LA SAISON

6 novembre 1925.

LA NUIT DE PHŒBUS
Ballet fantastique
de Mme Maurice Kufferath.
Musique de Camille Kufferath.
Chorégraphie de Fr. Ambrosiny.
15 représentations.

MM. De Ghistelles (Phœbus), Roegiers (le sonneur), Duchamps (l'Astronome).

Mmes Germaine d'Astra (Vénus), Germaine Lange (une amante de la Nuit), Bella Darms (Madame la Lune), G. Eyers, C. Gozet, R. Delvigne (les étoiles), J. de Vally (le poète).

—●—

17 décembre 1925.

UN SONGE DE NUIT D'ETE
Comédie féerique en 3 actes et 4 tableaux.
Paroles de Paul Spaak
(d'après Shakespeare).
Musique de Victor Vreuls.
12 représentations.

MM. M. L. Richard (Thésée, duc d'Athènes), E. Gallins (Lysandre), E. Colonne (Démétrius), M. Demoulin (Egée, père d'Hermia), M. Claudel (roi des Elfes), A. Boyer (Culasse, tisserand), A. Dognies (Coing, charpentier), H. Raidich (Flute, racommodeur de soufflets), L. Maudier (Groin, chaudronnier), J. Salès (Joint, menuisier), F. Deckers (L'Affamé, tailleur).

Mmes R. Laudy (Hippolyte, reine des Amazones), Y. Andry (Hermia), Lina Bianchini (Hélène), C. Clairbert (Titania, reine des fées), L. Mertens (Puck ou Robin bon enfant), A. Baude (Fleur des Pois), E. De Pont (Grain de Moutarde), A. Perret (Toile d'araignée), Quinet (Phalène).

14 janvier 1926.

FIERABRAS
Opéra héroïco-romantique en 4 actes et 11 tableaux.
Paroles de J. Kupelwieser.
Adaptation française de Paul Spaak.
Musique de Fr. Schubert.
12 représentations.

MM. Verteneuil (Fierabras, fils de l'Emir), Girard (Eginhard, chevalier franc), Richard (Roland, chevalier franc), Van Obbergh (Charlemagne), Chantraine (l'Emir), Maudier (Ogier, chevalier franc), Salès (Brutamonte, (chef maure).

Mmes Talifert (Emma, fille de Charlemagne), Smirnova (Florinda, fille de l'Emir), Ballard (Maragonde, suivante de Florinda), De Carlez (une jeune Francque).

11 février 1926.

L'ENFANT ET LES SORTILEGES
Fantaisie lyrique en 2 parties.
Paroles de Mme Colette.
Musique de Maurice Ravel.
14 représentations.

MM. M. Claudel (la théière, le petit vieillard arithmétique, la rainette), H. Raidich (le fauteuil, l'arbre), J. Salès (l'horloge comtoise, un écureuil), J. Decock (le chat).

Mmes L. Mertens (l'Enfant), C. Clairbert (le feu, la princesse, le rossignol), Y. Andry (la tasse chinoise, une libellule), S. Ballard (la Maman), R. Laudy (la bergère de salon, la chouette), R. de Carlez (la pastourelle, une chauve-souris), M. Prick (le pastour, un écureuil), Gerday (la chatte, une chauve-souris), R. Blondeau (une libellule), Quinet (un sphynx du laurier), Thamar-Maillard (la cendre), La petite De Georgie (le pouf), La petite Van Boeckel (un petit écureuil).

MM. Dognies, Prevers, Verhulst, Van den Eynde, Bevernage (écureuils).

11 mars 1926.

L'OISEAU ENCHANTE
Ballet en 1 acte
de Nicolas Tchérepnine.
Chorégraphie de François Ambrosiny.
12 représentations.

Chant : Mlle de Carlez.

MM. Ambrosiny (le roi Dodon), De Ghistelles (le sorcier), Duchamps (le montreur d'ours), Roegiers, Sornasse, Crabs (trois vieux boyards).

Mmes Germaine d'Astra (L'Oiseau enchanté, la Tzarevna), Germaine Lange (première Mamouschka), Bella Darms (Yvan Tzarevitch), G. Eyers (deuxième Mamouschka), C. Gozet (troisième Mamouschka), R. Delvigne (le maître bouffon), J. De Vally (deuxième Tzarevitch), P. Hansens (la vieille boyarde).

15 avril 1926.

LA LEGENDE DU TSAR SALTAN de son fils Guidon, le héros vaillant et glorieux, et la belle Princesse Cygne.
Opéra en 1 prologue et 4 actes, divisés en 7 tableaux.
Texte russe de W.-J. Bjelsky, d'après Pouchkine.
Version française de Louis Lalloy.
Musique de Nicolas Rimsky-Korsakoff.
12 représentations.

MM. L. Van Obbergh (le Tsar Saltan), E. Gallins (le Tsarevitch Guidon), E. Boyer (le bouffon), M. Claudel (le vieil homme), E. Colonne (le courrier), P. Arnaud (le premier marchand), J. Decock (le deuxième marchand), H. Raidich (le troisième marchand).

Mmes H. Smirnova (Militrissa, la sœur cadette), C. Clairbert (la princesse Cygne), S. Ballard (Babarikha), Y. Andry (la sœur puînée), R. Laudy la sœur aînée), la petite Van Boeckel (le Tsarevitch Guidon à l'âge de 6 ans), la petite Verhaegen (le Tsarevitch Guidon à l'âge de 11 ans), la petite Van Boeckel (le frelon), la petite De Georgie (l'écureuil), la petite Sterckman (Technomore).

Chef d'orchestre : Valentin Morskoij.

7 mai 1926.

LES MALHEURS D'ORPHEE

Opéra en 3 actes.

Paroles de Armand Lunel.

Musique de Darius Milhaud.

5 représentations.

MM. John-Charles Thomas (Orphée), Maudier (le maréchal), Decock (le charron), Demoulin (le vannier), Arnaud (le sanglier), Raidich (l'ours).

Mmes Lina Bianchini (Eurydice), de Carlez (le renard), Mertens (le loup), Laudy (la sœur jumelle), Gerday (la sœur cadette), Ballard (la sœur aînée)

1926-1927

Directeurs : Corneil de Thoran, Jean Van Glabbeke, Paul Spaak.

(Dans quelque temps, M. Jean Van Glabbeke fêtera le 25e anniversaire de son entrée à la Monnaie.)

Premiers chefs d'orchestre : Maurice Bastin, Léon Molle.

Chef d'orchestre : Auguste Andelhof.

Régisseur général : Georges Dalman.

Régisseurs de la scène : Jean Coutelier, François Deckers.

Maître de ballet : François Ambrosiny.

Régisseur de ballet : Henri Peeters.

Chef du département des costumes : James Thiriar.

Chefs du chant : Emile Nicolay, Georges Mertens, Fernand Brumagne, Auguste Ardenois.

(M. Emile Nicolay est entré à la Monnaie en 1893.)

Chef des chœurs : Guillaume Stéveniers.

Chef de coulisse : Fernand Pennequin.

Contrôleur général : Jean Cloetens (entré à la Monnaie le 1er février 1866).

Chefs électriciens : François Dejode, A. et T. Supli.

SOPRANI : Laure Bergé, H. Smirnova, C. Clairbert, A. Talifert, S. Romane, M. Prick, R. Laudy, R. de Carlez, G. Dorley.

MEZZO-SOPRANI : S. Ballard, Y. Andry, L. Mertens, G. Maréchal, M. Gerday.

TENORS : J. Rogatchewsky, E. Gallins, M. Claudel, R. Girard, V. Verteneuil, H. Dognies, L. Maudier, J. Lens, J. Coutelier.

BARYTONS : J. C. Thomas, L. Richard, E. Colonne, A. Boyer, J. Decock, J. Salès, R. Lefèvre.

BASSES : L. Van Obbergh, M. Chantraine, H. Raidich.

**

Ballet.

Danseur : E. De Ghistelles.

Danseuses : Germaine d'Astra, G. Lange, G. Eyers, C. Gozet, R. Delvigne, J. De Vally, P. Hansens.

Ouverture : 1 août 1926, Le Prophète (250e).

Hier et Aujourd'hui

Pour la saison 1864-1865, le prix des places était fixé comme suit :

Par place et par mois :

Loges à salon, de premier rang . . . . fr. 90.00
Loges, entre-colonnes, premier rang 90.00
Avant-scènes de premières. . . 90.00
Loges de balcon 80.00
Loges de face, et entre-colonnes, deuxième rang 60.00
Stalles et balcons 60.00
Baignoires (compartiment des stalles) 65.00
Baignoires (compartiment du parquet) 60.00
Baignoires (compartiment du parterre) 55.00
Parquet 45.00
Le parterre à 2 francs par place.

*
* *

Pour la saison 1926-1927 le prix des places a été établi comme suit :

Fauteuil d'orchestre ou de balcon. . . . . fr. 25.00
Première loge et baignoire, la place 25.00
Parquet 18.00
Deuxième galerie de face. . . . 12.50
Deuxième loge, la place. . . . 10.00
Troisième loge, la place 8.00
Parterre. 10.00
Amphithéâtre des troisièmes . . 6.50
Quatrième de face 4.50
Quatrième loge 4.00
Paradis 2.50

NOTICE

Après le tableau complet de la troupe, nos lecteurs trouveront la date et le spectacle d'OUVERTURE et de CLOTURE de chaque saison.

« **R** » signifie **résilié.** Prenons page 8 : parmi les chanteuses, on verra le nom de Mlle de Maesen **suivi** d'une parenthèse. Cela signifie que cette artiste a été résiliée; qu'elle a été successivement remplacée par Mlles Rauiz, Menehaud, Marietta Almonti et Céline Mathieu, qui toutes n'ont pas donné satisfaction aux abonnés votants, et que Mlle Elmire a été acceptée et a terminé la saison. Il en est ainsi pour tous les autres cas.

Les artistes **remplacés pour maladie** pendant une ou deux soirées sont mentionnés séparément.

La table des matières qui suit donne la liste alphabétique de tous les ouvrages qui ont été créés au théâtre royal de la Monnaie, au cours de ces soixante-dix dernières années.

Le tableau renvoie le lecteur à la date exacte de la création, à la **première** distribution de l'œuvre, et parfois **au nombre de représentations** obtenues au cours de la saison.

La subvention pour la saison 1926-1927

Subside communal	fr.	450,000.00
(Cette somme comprend 41,750 francs pour la réfection du matériel, des décors, des costumes.)		
Subside de l'Etat		150,000.00
Subside Royal		104,000.00
Loge royale, baignoire royale, fauteuils et balcons de la Maison royale, dont la direction peut disposer si elle n'a pas été avertie avant 14 heures		5,199.96
Le théâtre de la Monnaie disposera donc de. . . .	fr.	709,199.96

Du 24 mars 1856 au 30 juin 1926

LES OUVRAGES SUIVANTS ONT ÉTÉ CRÉÉS

au Théâtre Royal de la Monnaie

S

T

V

W

Y

Z

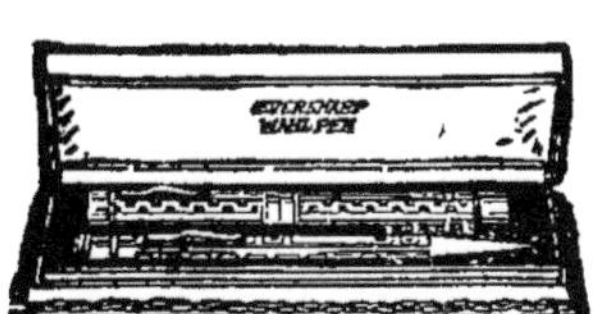
EVERSHARP
WAHL PEN

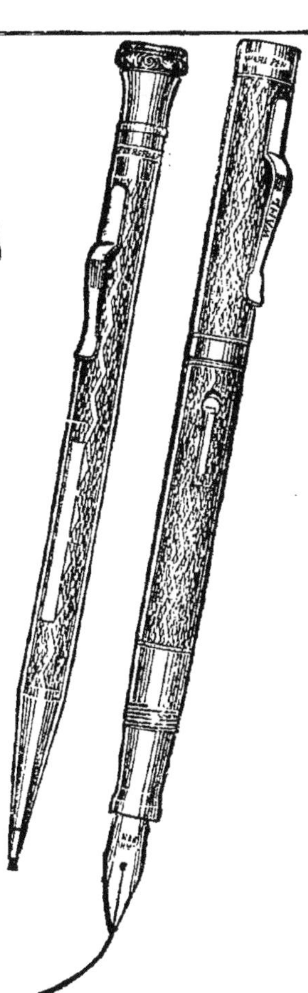

www.ingramcontent.com/pod-product-compliance
Ingram Content Group UK Ltd.
Pitfield, Milton Keynes, MK11 3LW, UK
UKHW021104260726
13994UKWH00002B/706